AF474657

CONSIDÉRATIONS

POLITIQUES ET RELIGIEUSES

SUR LA FRANCE

DEPUIS 1830 JUSQU'A NOS JOURS.

IMPRIMERIE DE DUCESSOIS,
QUAI DES AUGUSTINS, 55.

CONSIDÉRATIONS

POLITIQUES ET RELIGIEUSES

SUR LA FRANCE

DEPUIS 1830 JUSQU'EN 1838.

PAR

M. L'ABBÉ P. P.

PROFESSEUR D'HISTOIRE.

PARIS

CHEZ LEDENTU, AU PALAIS-ROYAL,

CHAMEROT, LIBRAIRE-ÉDITEUR,

successeur de M. Bruno-Labbe, ancien libraire de l'Université,

QUAI DES AUGUSTINS, 33.

1838

AU ROI

Sire,

Un livre qui, à chacune de ses pages, parle de votre auguste Majesté, et de la sagesse de votre gouvernement; qui raconte la gloire de votre règne et les vertus de votre famille, ne pouvait paraître que sous vos auspices. Aussi, quelque indigne qu'il soit de vous être offert, je m'empresse de le déposer à vos pieds comme un témoignage bien sincère de respect pour votre personne royale, et de mon inviolable fidélité. Heureux si, par lui, ramenant des esprits trop longtemps égarés par de funestes passions, je pouvais, Sire, consoler un moment votre cœur des peines et des fatigues que lui cause sa bonté pour nous ; oh ! alors mon travail ne serait-il pas assez payé ?

Mais si, trop faible, il ne peut atteindre ce but, il apprendra du moins à la France et à l'Europe entière que vous avez d'innombrables sujets fidèles, qui sauraient, si le besoin l'exigeait, sacrifier leurs intérêts aux vôtres, et qui répètent et redisent tous les jours ce qu'Antiochus dit à Bérénice :

> Puisse le ciel verser sur toutes vos années
> Mille prospérités l'une à l'autre enchaînées,
> Ou s'il vous garde encore un reste de courroux,
> Je conjure les dieux d'épuiser tous les coups
> Qui pourraient menacer une aussi belle vie
> Sur ces jours malheureux que je vous sacrifie.

Je suis, avec un très-profond respect,

Sire,

De votre Majesté,

Le très-humble, très-obéissant et très-affectionné serviteur et sujet,

L'abbé P. P.

AVANT-PROPOS

> Ceux qui la considèrent (la révolution) comme un événement accidentel, n'ont porté leurs regards ni dans le passé ni dans l'avenir. Ils ont pris les acteurs pour la pièce, et afin de satisfaire leurs passions, ils ont attribué aux hommes du moment ce que les siècles avaient préparé.
>
> *Madame de* STAEL.

Quand le génie court les rues, comme l'a dit si ingénieusement l'auteur des *Études historiques*, et que l'on écrit sur tout, excepté sur ce qui nous intéresse le plus, on ne doit point s'étonner de voir paraître un livre nouveau. Des livres!! qui n'en fait pas aujourd'hui! Depuis l'abbé de *Lamennais*, qui appelle tous les peuples à l'indépendance générale sous la domination théocratique, jusqu'à l'opiniâtre partisan du vieux droit divin ; depuis le romancier à la plume légère et passionnée, jusqu'au grave et pieux contemplatif, il y a bien des auteurs. Grâce à la liberté de la presse, si loyalement octroyée par notre charte, jamais époque ne fut plus féconde en écrivains.

Mais ce qu'on ne peut manquer de trouver étonnant, c'est que du sein d'une paisible solitude, une voix inconnue vienne mêler ses accents au bruit des événements qui se pressent autour de nous. Ce qu'on ne pardonnera pas surtout, c'est qu'un jeune prêtre, sans antécédents et sans nom, se fasse l'apologiste d'un parti qui n'aime, dit-on, ni la religion ni ses ministres. N'est-ce pas une sorte de folie, une espèce de radotage? Folie et radotage tant qu'on voudra; mais cette folie et ce radotage tiennent moins à mon esprit qu'à ma mauvaise étoile. Si je n'avais pas tant aimé mon pays et la vérité, je me serais condamné au silence; mais quand il y va de l'honneur de la patrie, quelle que soit la position sociale d'un Français, pour si obscure qu'elle puisse être ; quoiqu'il en soit de la révolution de 1830, pour si ennemie de la religion et des prêtres qu'on la suppose, peut-on s'empêcher de payer un juste tribut d'admiration et de gratitude à ces hommes qui, sous le roi le plus accompli, nous gouvernent avec tant de sagesse et de dévouement ?

Toutefois, que l'on ne m'accuse ni de trahison, ni de flatterie, l'une et l'autre me sont également étrangères. Je suis sans rancune et sans ambition : les lignes de mon existence ne se rattachent à aucune circonstance ancienne ou moderne; je n'ai juré sur aucun drapeau; je suis indépendant, parce que je suis sans nom. L'amour de la vérité et le seul mais sincère désir de voir s'embrasser deux camps si longtemps ennemis ont dicté mes paroles. Au reste, en entreprenant cet ouvrage, je n'ai fait que céder au besoin de mon cœur. Qu'on ne craigne donc pas que l'esprit de parti arme ma plume contre toute une génération de rois sans États ; l'exil les entoure d'une espèce de majesté sainte qui commande le respect : chez tous les peuples le malheur eut quelque chose de sacré. Charles X dort le sommeil de la tombe sur une terre étrangère : ses dépouilles seront-elles réunies un jour à celles de ses frères et de son fils? En attendant, honneur et paix aux morts!!!

Ceci néanmoins ne nous empêchera pas de comparer quelques-unes des dernières années de la restauration avec le règne actuel, et nos considérations, nous l'espérons, ne seront pas sans intérêt pour le lecteur, parce qu'elles seront impartiales. Heureux si nous pouvions déterminer des hommes estimables, et que nous honorons dans toute la sincérité de notre cœur, à renoncer, par un sacrifice généreux, à des affections qu'ils ne sauraient raisonnablement conserver, et à faire abjuration du passé en faveur du présent !

Je sais bien que ces paroles vont paraître dures à une certaine classe d'hommes, à ces légitimistes de bonne foi qui conservent à la branche déchue un amour qu'ils ont sucé avec le lait; mais il ne s'agit plus, au temps ou nous sommes, de nous traîner honteusement sur des traditions de famille : c'est la vérité qu'il faut chercher; l'objet de leurs affections existant, il serait aussi téméraire qu'indigne de nous de travailler à déraciner l'arbre antique qui, pendant huit siècles, a protégé la nation sous son feuillage tutélaire. Mais cet objet n'existant plus, la force des circonstances, plutôt que l'insurrection, l'ayant brisé, pourquoi nous attacher encore à des débris ?

Plusieurs de ces carlistes sans aveu qui ne connaissent de la religion que le nom, et qui par une singulière manie de scrupule ne veulent pas de l'ordre actuel à cause de son irréligion, vont nous livrer impitoyablement aux saillies brûlantes de leur indignation. Ils vont protester hautement contre nous et crier à l'imposture et au mensonge : nous nous y attendons et nous nous résignons d'avance. Mais qu'ils sachent, avant tout, que si de leur côté ils ne veulent pas se rallier à nous, nous aussi, nous avons depuis longtemps signé avec eux un divorce éternel. Amis, ils ne seraient pour nous que des pédants importuns ; ennemis, ils ne sauraient être redoutables, parce qu'ils sont sans courage, sans énergie et sans franchise.

Les prêtres, mes confrères dans le sacerdoce, quelques-uns au moins, vont rougir d'avoir un des leurs, ami de l'ordre des choses. Oh ! qu'ils suspendent leurs jugements, je les en conjure ; et peut-être qu'après m'avoir entendu, ils me trouveront moins odieux ; au reste, j'espère tout de leurs lumières et de leur prudence.

Il ne me reste plus qu'à prier ceux qui me liront, de me suivre avec toute l'impartialité dont leur âme est susceptible ; c'est le moyen de se convaincre de la vérité, dont on doute. En politique comme en religion, les préjugés seront toujours une source féconde d'erreurs. A quoi sert-il de se tromper soi-même? nos dissensions n'ont-elles pas assez duré? Depuis un demi-siècle nous marchons sur un sable dégoûtant de carnage et de sang, théâtre honteux de nos discordes civiles! et si au milieu de ce flux et reflux d'opinions, nous découvrons enfin un port assuré, pourquoi ne pas nous presser en foule vers ce signe de salut, quelque répugnance d'ailleurs que nous ayons à arborer son drapeau, quand surtout c'est le drapeau des âmes généreuses et des cœurs magnanimes!!!

CONSIDÉRATIONS

POLITIQUES ET RELIGIEUSES

SUR LA FRANCE

DEPUIS 1830 JUSQU'A NOS JOURS.

CHAPITRE I

Réflexions générales.

Les siècles s'écoulent, les générations se succèdent les unes aux autres avec une majestueuse uniformité, et, par cette succession non interrompue d'âges et de peuples, la société se développe. « Tout en ayant l'air » de s'arrêter quelquefois, la civilisation

» ne cesse de marcher toujours en avant, dit
» M. de Chateaubriand; elle ne décrit point,
» il est vrai, un cercle parfait et ne se meut
» pas en ligne droite. » Elle est sur la terre comme un vaisseau sur la mer; ce vaisseau, battu de la tempête, louvoie, revient sur sa trace, tombe au-dessous du point d'où il est parti; mais enfin à force de temps, il rencontre des vents favorables, gagne chaque jour quelque chose dans son véritable chemin, et surgit au port vers lequel il avait déployé ses voiles. Marche lente et silencieuse en apparence, mais profondément vraie et éminemment progressive; les hommes, en général, la connaissent peu, ils l'étudient encore moins. Aussi peut-on à peine revenir de son étonnement, lorsque, de temps à autre, la société, rencontrant des obstacles, signale ses combats et ses triomphes par une de ces secousses terribles qui ébranlent l'édifice jusque dans ses fondements : secousses qui ne sont dans la route des siècles qu'un cri de liberté, un

pas vers l'affranchissement, et le roulement du temps qui se fait entendre aux peuples pour les tenir toujours en garde contre les astucieuses usurpations du despotisme.

Une réflexion à faire avant tout, c'est que les hommes ne connaissent guère que l'histoire de leur temps, ils n'étendent pas leurs vues au delà du cercle étroit de la génération dont ils font partie. Si leur berceau a été placé au sein de la paix, ils pensent volontiers que l'on fut toujours tranquille. Et pourquoi, en effet, interroger les troubles du passé, quand on veut jouir des douceurs du présent? Qui lirait aujourd'hui plusieurs gros volumes, quand on a bien de la peine à lire le feuilleton d'une gazette? Et, chose remarquable, nos grands déclamateurs ne se montrent pas plus instruits que la foule ni plus avides de recherches. Ils affectent la naïveté de l'ignorance par respect pour les affections de leur cœur, ils veulent ensevelir dans un oubli éternel l'avénement de Pépin au trône en dépit des ducs d'Aquitaine [1], l'élection de Hugues-Capet au préjudice de Charles, duc de Lorraine, les troubles qu'excitèrent les templiers sous Philippe-le-Bel, les guerres de la Jacquerie, les dissensions civiles du seizième siècle, les querelles des parlements sous Louis XV. Il n'en est pas moins vrai que des troubles sans fin se sont élevés pour obtenir la liberté, telle qu'on la concevait à différentes époques, soit féodale, soit représentative; et durant tout le cours de la monarchie, si l'on en excepte les règnes de François Ier et de Louis XIV qui ont eu l'habile et dangereuse manie d'occuper les esprits par la guerre, on verra qu'il ne s'est pas passé un espace de trente ans, sans qu'il y ait eu quelques troubles. Ces longues luttes,

[1] Les ducs d'Aquitaine venaient en ligne directe de Clovis, puisqu'ils descendaient de Charibert, par Bogghis, famille illustre qui s'est perpétuée jusqu'à Louis d'Armagnac, duc de Nemours, tué à la bataille de Cérignoles en 1503.

que prouvent-elles? sinon qu'on a toujours été avide de la liberté légale qui seule peut faire jouir une nation du calme et de la prospérité.

Il importe donc de répéter aux partisans du droit divin, aux légitimistes du jour, que c'est la liberté qui est ancienne, et que c'est le despotisme ou la monarchie absolue telle qu'on voulait nous la faire sous les dernières années du règne de Charles X, qui est moderne. L'Allemagne, la Suède, le Danemarck avant de stipuler sa charte de servitude, l'Angleterre, l'Espagne, l'Italie, nous montrent les égards que l'on doit avoir pour ceux qui nous gouvernent, mais rejettent bien loin le despotisme et le droit divin; les Francs n'ont jamais reconnu leurs chefs pour despotes; et l'on ne peut nier que sous les deux premières races, tout ce qui avait droit de citoyen[1] participait au gouvernement.

[1] C'est-à-dire les nobles, et les nobles étaient les Francs.

« Tout le monde sait, dit M. Boulainvilliers,
» que les Français étaient des peuples libres,
» qui se choisissaient des chefs sous le nom
» de rois pour exécuter les lois qu'eux-mê-
» mes avaient établies, ou pour les con-
» duire à la guerre, et qu'ils n'avaient garde
» de considérer les rois comme des législa-
» teurs qui pouvaient tout ordonner selon
» leur bon plaisir. Il ne reste aucune ordon-
» nance des deux premières races de la mo-
» narchie qui ne soit caractérisée du con-
» sentement des assemblées générales des
» champs de mars ou de mai, et même au-
» cune guerre ne se faisait alors sans leur ap-
» probation [1]. »

[1] Saint *Thomas* avait dit :

« Puisque la loi règle l'homme pour le bien commun, il n'appartient pas à la raison de qui que ce soit de faire une loi, mais à la communauté, ou au prince qui gère les intérêts de la communauté. »

Cùm lex ordinet hominem in bonum commune, non cujuslibet ratio facere potest legem, sed multitudinis, vel

Après la mort de Clodion, la nation, dit Roricon, choisit Mérovée pour chef. Pépin fut élu de l'avis et du consentement de tous les Francs [1]; consulté sur cette affaire, le pape Zacharie répondit : « Il me paraît bon » et utile que celui-là soit roi qui, sans » en avoir le nom, en a la puissance, de pré-

principis vicem multitudinis gerentis. 12 quæs. 90 à 3 ibid.

Dans son Traité des lois, *Suarez* s'exprime dans le même sens.

« Il est certain que le pouvoir de faire des lois a été confié aux hommes; mais ce pouvoir, quant aux lois civiles, n'appartient naturellement à personne, si ce n'est à la communauté, et de la communauté il est transféré à un ou à plusieurs par qui la communauté est régie. »

Certum est dare in hominibus potestatem ferendi leges; sed potestas hæc, quoad leges civiles, a naturâ nemini competit nisi communitati hominum, et ab hac transfertur in unum vel plures a quibus communitas regatur. (*De legibus*, lib. 1, Trac. 2, nº 104.)

C'est le sentiment non-seulement des théologiens, mais encore des jurisconsultes, liv. 3, ch. 2, nº 11.

[1] Le premier continuateur de Fredegher, ch. 12.

» férence à celui qui, portant le nom de » roi, n'en garde pas l'autorité. » Et il eut raison. La légitimité était alors un dogme inconnu, elle l'était encore à l'avénement de Hugues, deux siècles plus tard. Charles, duc de la Basse-Lorraine, fils de Louis d'Outre-Mer et oncle de Louis V, le dernier des Carlovingiens, voulait la couronne; sa naissance, ce semble, lui donnait un droit légitime; cependant la majorité des suffrages le repoussa. Que fit-il? Il prit les armes, s'empara de la ville de Laon; mais l'évêque de cette ville la livra à Hugues-Capet. Charles, mort en prison, laissa deux fils, qui ne régnèrent point, et auxquels on ne pensa plus.

A cette époque il s'opéra une révolution importante : d'élective la monarchie devint héréditaire, le sacre remplaça l'élection; néanmoins les premiers princes de la troisième race s'intitulaient toujours : *rois par la grâce de Dieu, et par le consentement du peu-*

ple[1]. « Louis VIII, près de mourir, s'alarma » parce qu'il laissait en bas âge son fils » Louis IX qui n'était pas sacré : il lui fit » prêter serment par les seigneurs et les » évêques ; non content de cela, il écrivit

[1] « Le cardinal Bellarmin, dit Suarez, ne met aucun milieu entre Dieu et le peuple, mais entre Dieu et le roi il place le peuple par les mains duquel le roi reçoit le pouvoir. »

Cardinalis Bellarminus non inter populum et Deum medium posuit, sed inter regem et Deum voluit populum esse medium per quod rex talem accipit potestatem. (Suarez, *Déf. de la foi*)

« La puissance temporelle vient de la communauté qu'on nomme nation. La spirituelle vient de Dieu par la mission de son fils et de ses apôtres. »

C'est Fénélon qui parle ainsi, tom. 22, pag. 583, édition de Versailles.

« La doctrine commune des théologiens et des canonistes est que Dieu communique la souveraineté immédiatement au peuple, et par le moyen du peuple à la personne ou à la communauté gouvernante. »

Ainsi pensent saint Ambroise, saint Grégoire-le-Grand, saint Augustin, saint Thomas, Fénélon, Suarez, saint Lignori, Billuart, Bianchi.

» une lettre à ses sujets, les invitant à re-
» connaître pour roi son fils aîné. Tant de pré-
» cautions font voir que 239 ans n'avaient pas
» suffi à la confirmation de l'hérédité abso-
» lue et de l'ordre de primogéniture, dans
» la monarchie capétienne. Le souvenir
» même du droit d'élection se perpétuait
» dans une formule de sacre, on demandait
» au peuple présent s'il consentait à recevoir
» le nouveau souverain[1]; » et jusqu'au sacre de Louis XVI inclusivement, le consentement du peuple a toujours été rappelé comme la base des droits du souverain au trône.

Louis, lorsqu'il fut choisi par les barons anglais pour arbitre entre eux et leur monarque, répondit : *que le roi Henri III devait être fidèle à la charte qu'il avait jurée : j'aimerais mieux,* disait-il assez souvent à ceux de sa cour, *qu'un étranger de l'extrémité de l'Europe, qu'un Ecossais vînt gouverner la France*

[1] M. de Châteaubriand, *Analyse raisonnée de l'Histoire de France.*

plutôt que mon fils, s'il ne devait pas être juste et sage.

Louis XI, avec ce caractère dissimulé et ce penchant à la tyrannie qu'on lui connaît, dans l'instruction qu'il laissa en mourant à son fils Charles VIII, lui disait : « Quand » les rois ou les princes n'ont regard à la loi, » en ce faisant ils font leur peuple serf, et » perdent le nom de roi[1]. »

Une seconde réflexion non moins importante que, la première, c'est que généralement on attribue beaucoup de puissance à l'homme; on croit que par la force de son génie ou par les ressources de ses intrigues et de son crédit, il peut commander aux cir-

[1] Ces paroles de Louis XI ne sont-elles pas une fidèle analyse de ce passage que nous lisons dans la *Somme* de saint Thomas, 22, ques. XLII, art. 11. 3?

« Le régime tyrannique est injuste parce qu'il a pour fin, non le bien commun, mais le bien particulier de celui qui gouverne : en conséquence, la destruction de ce régime n'a point le caractère de sédition, excepté le cas où elle entraînerait de si grands désordres, que la multitude

constances, et, en maître souverain, les faire éclore à son gré du sein de la société : erreur. Les circonstances font les hommes, a fort bien dit M. de Maistre, mais les hommes ne font pas les circonstances. Cette pensée est logiquement vraie. La supériorité du talent ne donne pas plus naissance aux événements divers qui se succèdent sur la scène du monde, qu'un homme ne peut ajouter à sa taille la petite valeur d'une coudée. Placé au centre de l'action, l'homme saisit à son passage le char du mouvement, y monte, s'y assied, le dirige, si l'on veut, selon ses caprices et ses intérêts, jusqu'à ce qu'il vienne

des sujets souffrirait plus de cette destruction que du régime tyrannique lui-même. »

Regimen tyrannicum non est justum, quia non ordinatur ad bonum commune, sed ad bonum privatum regentis... Ideo perturbatio hujus regiminis non habet rationem seditionis, nisi fortè quando sic inordinatè perturbatur tyranni regimen quod multitudo subjecta majus detrimentum patitur ex perturbatione consequenti quam ex tyranni regimine.

un rival plus hardi, plus heureux et plus fort, qui le précipite et qui l'écrase sous les roues de sa fortune, comme il avait écrasé lui-même son prédécesseur; voilà tout. Les circonstances se présentent, l'homme en profite ou en abuse, et rentre dans le néant, d'où le bruit l'avait tiré; rien de plus. Ainsi, c'est à mon avis un grand tort qu'on a eu d'attribuer au fourbe Cromwel la mort de Charles Ier, à M. Neker la révolution de 89, et aux libéraux de 1830 la chute de Charles X. Encore une fois, en tout cela les hommes n'ont été rien que des instruments passifs que les événements ont saisis pour les faire servir à leur développement.

Ce n'est pas que je sois partisan de l'école fataliste, à Dieu ne plaise que je mette la société sous de gros pilons qui réduisent en pâte ou en poudre les hommes et les choses! Dans cet affreux système il n'y a plus qu'à lâcher l'écluse des passions, et les pilons vont se relevant et tombant. « Quant à moi, dit

» M. de Chateaubriand, je ne me sens aucun » enthousiasme pour une hache, j'ai vu por- » ter des têtes au bout d'une pique, et j'af- » firme que c'était fort laid. » Je le crois sans peine.

Il y a, ce me semble, plus de puissance et de dignité à expliquer les événements par la déviation des principes, de la morale et de la justice, par l'infraction criminelle des lois constitutives de l'ordre, par l'amour de la liberté enfin. C'est encore une bien belle manière d'expliquer par la religion tout ce qui se passe au sein de la société. Bossuet groupe tous les faits autour de cette vérité unique, avec une incomparable majesté. D'après lui, rien ne s'est passé dans l'univers, que pour l'accomplissement de la parole de Dieu; l'histoire des hommes n'est à l'évêque de Meaux, que l'histoire d'un seul homme; dédaignant les documents de la terre, c'est dans le ciel qu'il va chercher ses chartes; que lui fait cet empire du monde, *pré-*

sent de nul prix, comme il l'appelle lui-même. Du pied de la croix où il écrit, il voit tous les peuples s'écouler comme les flots d'un torrent rapide, sous la main toute-puissante de Dieu. On trouve là tout l'Evangile.

Car, s'il est vrai, comme nous ne pouvons en douter, qu'un seul cheveu ne se détache de notre tête sans la permission du père céleste, pourquoi hésiterions-nous à croire que c'est par la volonté toute-puissante de ce grand Dieu, que les nations prospèrent ou meurent, et que les empires s'écroulent ou fleurissent? Les païens avaient reconnu cette vérité, et certes, les Romains seraient-ils devenus jamais les maîtres du monde, s'ils n'avaient eu foi en la protection de leur Jupiter Capitolin?...

CHAPITRE II

De l'esprit français avant 1830. — Du règne de Charles X et de l'opinion publique sur son gouvernement.

Une guerre à mort, une lutte éternelle s'était déclarée dans les dernières années du règne de Charles X entre la monarchie absolue et la monarchie constitutionnelle. L'une invoquait le fait, l'autre le droit. La monarchie absolue comptait fastueusement huit siècles d'existence. La monarchie constitutionnelle présentait ses chartes signées de la main de Dieu même, au jour de la création de l'homme. Oubliant la nation et fière du sacre religieux, la monarchie absolue s'attachait comme un lierre au nombre de ses jours; la monarchie constitutionnelle, au contraire, n'ayant de vie que dans la nation et par la nation, rejetait tout ce cortége imposant de religion et de siècles, car elle, née avec les peuples, ne devait finir qu'avec eux. Cette lutte, comme on le voit, ne pouvait se terminer que par la ruine entière de l'une ou de l'autre.

Il était donc bien important pour la monarchie absolue de surveiller ses actes et ses paroles, de combiner mûrement ses plans d'attaque et de défense, car nous touchions à ce temps de crise violente où l'on devait appliquer à Charles X ce que Hume dit de Charles Ier : « *Il se trouvait dans une situation » où les fautes étaient irréparables, et cette » situation ne saurait convenir à la faible nature » humaine.* » Mais malheureusement la monarchie absolue signalait de jour en jour sa peur ou sa faiblesse par ses bévues et ses ridicules. Aussi la monarchie constitutionnelle, fière de ses triomphes et des craintes qu'elle inspirait, marchait-elle toujours en avant, le front haut et la face découverte. De là ces réciproques explosions de paroles en attendant celle des armes, ces saillies satiriques, ces manifestations de haine, ces murmures insultants, ces menaces enfin si réitérées et si expressives.

Malgré ces déclarations virulentes, certains mais funestes indices d'une crise décisive, abusée par des flots d'adulateurs sur une puissance qu'elle n'avait plus, la royauté ne retranchait rien de son luxe ni de ses amusements; ses fêtes n'en étaient ni moins brillantes, ni ses loisirs moins doux; mais aussi, à peine s'endormait-elle au bruit pompeux de sa prospérité passée, dont les vagues flatteuses venaient encore, en se brisant à ses pieds, chatouiller son orgueil et l'empêcher d'entendre le sourd mugissement du tonnerre lointain qui annonçait la tempête, que la constitution profitait de son sommeil. Elle racontait l'histoire, se glissait dans les lois civiles, s'asseyait au barreau, s'identifiait avec le théâtre et pénétrait jusque sur les bancs de l'école. Elle attaquait la religion et ses ministres, reprochait à la première son alliance avec le trône, et aux seconds leur ambition et leur intolérance. Elle combattait directement l'ordre établi; et si, légèrement atteinte par ces manœuvres de ruse et de génie, la monarchie absolu s'éveillait, ce n'était que pour lancer quelque ordonnance insignifiante; despote et libérale tour à tour, elle affectait tantôt une popularité ridicule, et tantôt un despotisme dégoûtant, mais finissait toujours par quelque concession maladroite. Aussi de tous les Français les moins observateurs et les moins clairvoyants attendaient-ils, avec le calme de la résignation, une catastrophe terrible que ne pouvait manquer d'amener cette monstrueuse série de tant d'actes irréfléchis, dictés par une si rare incapacité.

On était généralement mécontent, et on ne le dissimulait pas : ceux seulement qui profitaient des faveurs, affectaient un contentement qu'ils ne trouvaient que dans leur orgueil, et proclamaient une prospérité qui ne venait que des désirs de leur cœur. Les bons royalistes, les nobles sincèrement attachés au trône, gémissaient des faiblesses sans nombre où tombait presque à chaque pas un roi qui affectait tant de grandeur et de sécurité. Ils commençaient à se fatiguer aussi de n'être plus que des courtisans pour la plupart inhabiles, et par suite sans considération, car enfin, il n'y avait de réussite certaine que pour les plus effrontés hypocrites, et les plus dévoués flatteurs.

La haute prélature demandait de son côté, de jour en jour, plus d'égards et d'attention, et le prince, sous prétexte que le catholicisme était la religion de l'état, laissait tomber de temps en temps sur lui, un regard de faveur, plutôt pour l'asservir et le plier à ses volontés, que pour le protéger sincèrement, et soudain baisant avec une respectueuse reconnaissance les chaînes d'or qu'on leur jetait, les ministres d'une religion toute de pauvreté, puisqu'elle a pris naissance dans une crèche, courbaient humblement leurs fronts et souscrivaient à toutes les exigences royales, pourvu qu'on leur laissât le droit de siéger aux salons de la cour, et de solliciter des faveurs.

Cependant l'influence du clergé sur les affaires temporelles révoltait universellement, et comme le vrai sentiment religieux est ce qui éloigne le plus des intrigues et du pouvoir, on n'avait plus aucune foi dans ceux qui se servaient de la religion pour influer sur les affaires du monde. Et chose plus déplorable, au lieu de profiter de leur crédit en faveur de leurs frères indigents et de la religion, ils fermaient leurs yeux sur les demandes des uns et sur les besoins de l'autre. En vain le pauvre frappait-il à leur porte, en vain des prêtres vénérables s'adressaient-ils à eux afin d'obtenir quelques secours pour leurs églises; on négligeait le pauvre, et on laissait l'herbe croître sur l'autel du Dieu de la patrie.

L'armée, qui voyait tant d'abus énormes, manifestait en secret pourtant son mécontentement et son impatience. Les officiers étaient lassés de l'état de contrainte dans lequel on les tenait; ils abhorraient sincèrement une religion qu'il se voyaient imposée comme à des conditions d'avancement. Aussi, au sortir d'une cérémonie, il n'était pas rare de voir des militaires rire du sang-froid avec lequel ils avaient rempli leurs obligations religieuses[1], et s'étonner d'avoir si bien joué

[1] Un Jeudi saint, des militaires de haut grade obligés, pour conserver les bonnes grâces de leurs supérieurs, de remplir le devoir pascal imposé à tous les chrétiens, eurent le soin de se munir d'un bon déjeuner!!! Nous garantissons la vérité du fait.

leur rôle. La bourgeoisie et le simple soldat murmuraient contre un ordre de choses où l'on n'était rien que par la faveur ou par la naissance; en un mot, la dévotion minutieuse du vieux roi, l'ambition du haut clergé, et son séjour à la cour, les disputes continuelles du despotisme avec la liberté, avaient entièrement déconsidéré le trône et l'autel. La nation ne tenait ni à l'un ni à l'autre, ou plutôt elle les méprisait tous les deux.

Certes, si les qualités privées d'un roi suffisaient au gouvernement d'un peuple, Charles X méritait sans doute mieux que personne, d'être roi de France. Il était, on peut le dire, un des princes les plus aimables et les plus gracieux qu'on ait vus sur le trône de la nation la plus polie de l'Europe; son caractère personnel était tout à fait digne d'attachement. Mais l'arbitraire du gouvernement français, tel que les siècles l'avaient fait, s'accordait si mal avec l'esprit du temps, que les vertus des princes mêmes disparaissaient dans le vaste ensemble des abus dont ils étaient environnés. Quand les peuples sentent le besoin d'une réforme politique, les qualités privées du monarque ne suffisent point pour arrêter la force de cette impulsion. Une fatalité malheureuse avait placé le règne de Charles X dans une époque où de grands talents et de hautes lumières étaient nécessaires pour lutter avec l'esprit du siècle, ou pour faire, ce qui valait mieux, un pacte raisonnable avec lui.

Louis XVIII, en mourant, laissa en France un esprit frondeur. Charles X, à son avénement au trône, ne le comprit pas, ou du moins ne donna jamais à connaître qu'il le comprît; les ministres et les prêtres dont il s'entoura, ne le comprirent pas non plus; voilà pourquoi on appliqua au mal des remèdes contraires. Au lieu de s'attacher la nation, en se déchargeant sur elle, ou sur ses représentants, d'une partie de la responsabilité des affaires publiques, on l'aliéna, on la rebuta, on la méprisa même, et on finit par la maltraiter; on fut jusqu'à persuader à Charles X que son autorité était un dogme religieux, une espèce d'article de foi auquel le peuple français devait se soumettre en aveugle et sans raisonner. Soit par goût, soit par conviction, le bon roi le crut, et c'est ce qui l'a perdu.

Ce fut, à mon avis, une bien grande faute que cet acte arbitraire par lequel Charles X licencia la garde nationale, cette sentinelle active et vigilante des cités, cette milice de famille si intéressée à la tranquillité publique. Car, tandis que le soldat du royaume ne voit dans les lieux où il passe que des objets indifférents, parce qu'ils lui sont inconnus et étrangers, le garde national est préposé à la sûreté d'un lieu chéri, soit que la divine Providence l'y ait fait naître et grandir, soit que, l'y ayant amené, elle l'y ait attaché par des liens ineffables. Si le soldat de la garnison va se battre, c'est par obéissance : l'amour et le devoir appellent le soldat de la cité; car lui, bien souvent, il a à défendre un bien plus précieux que sa vie même : c'est le toit qui l'a recueilli à son entrée dans le monde, c'est un vieux père, une épouse chérie, une mère bien-aimée, de tendres enfants, et quelquefois tout un quartier d'amis! Gloire et respect à la garde nationale!!

Lorsque, par un acte que des hommes toujours prêts à trouver tout beau se plurent à appeler un acte de vigueur et de prudence, et qui n'était au fond qu'un acte de faiblesse et de témérité, Charles X, en 1827, remercia la garde nationale, on cria victoire parce que tout resta dans l'ordre; mais on ne prévoyait pas qu'au jour du péril, au lieu d'un ennemi, on en aurait deux à combattre; l'armée et la cité. Non; sans doute, ces braves désarmés ne firent aucun bruit; et pourquoi en auraient-ils fait? Ils rendirent les armes qu'on leur avait confiées, et ils rentrèrent paisiblement dans leurs foyers; mais au fond de leurs cœurs ils ne conservaient pas moins le souvenir de l'affront qui venait de leur être fait, sans parler de celui qu'ils avaient continuellement sous leurs yeux, de se voir gardés.... par des étrangers. Naturellement chaque famille partagea le mécontement et les sentiments d'indignation du membre qu'elle recouvrait, et comme chaque famille se faisait un honneur de compter dans son sein un garde national, il ne se trouva pas une famille qui ne fût lésée. Le sang et l'exil devaient plus tard expier des mesures si flétrissantes pour la nation.

A cette première faute Charles X en ajouta une autre; un abîme appelle un abîme; l'ordonnance qui licenciait la garde nationale avait brusqué l'esprit national, celle qui supprima les jésuites brusqua l'esprit religieux; et par l'un et par l'autre de ces actes, Charles X fit plaisir à ses ennemis, et contrista ses amis. Ce fut au reste le seul et triste talent que montra ce monarque durant tout le cours de son règne. La garde nationale licenciée, les jésuites expulsés, que restait-il à faire ? Quand la tranquillité d'une nation est compromise, quand l'esprit religieux est attaqué et flétri, il n'y a plus qu'à attendre du sang et des ruines!! Ce n'est pas que nous vissions avec plaisir des jésuites à la cour (l'esprit national ne les y voulait plus), mais nous aimions à les voir, au sein de la nation, jouir de leur droit de Français, que leur qualité de prêtre ne leur avait pas enlevé, et exercer librement leur méthode d'enseignement, en comparaison de laquelle on ne trouvera jamais rien de mieux ; on peut, sous ce rapport, les appeler à juste titre les pères de l'intelligence et du cœur. Charles X ne voulut jamais consentir à les éloigner de la cour, lorsqu'il en était temps encore et que les circonstances étaient moins urgentes ; force lui fut enfin de signer leur expulsion, et Dieu sait à quel prix!!!

Quelques-uns ont dit que, si Charles X n'avait pas été si faible, il serait encore sur le trône ; d'autres l'ont accusé de ne pas accorder sincèrement ce qu'il accordait ; d'autres enfin ont attribué sa chute à son peu de génie. Qu'importent ces suppositions? il est impossible que les nombreuses qualités qui font le bon roi soient héréditaires. D'ailleurs un roi qui ne pourrait gouverner ou se défendre que par la force, la franchise ou le génie, serait dans un grand danger de succomber. Ce qu'il faut à un prince, c'est la nation, et les lumières pour comprendre sa nation et son siècle; et Charles X, nous le répétons, n'avait point pour lui la nation, il se l'était aliénée; il n'avait point de lumière, il les avait repoussées. Aussi son trône, dépourvu de ces deux bases essentielles, devait-il trembler à la première secousse et périr devant le plus faible agresseur. 1830 est là.

CHAPITRE III

1830.

Travaillée d'inquiétude et de mécontentement sous le double rapport de la politique et de la religion, la société, en France, poursuivait tristement le cours de ses destinées. Rarement on la voyait se livrer à la joie, à cette joie du moins qui vient de la sécurité et de la confiance, elle, cette nation si légère, si aimable et si avide de bonheur. Le Français, si attaché à son roi et à la religion, était dégoûté de l'un et de l'autre, parce qu'on avait abusé de l'un et de l'autre pour le tromper. Si quelquefois une voix proclamait le nom du monarque, elle tombait isolée au milieu d'une foule devenue indifférente à tout. Tel l'oiseau nocturne, pendant la nuit, proclame la vie sur la région pacifique des morts, et sa voix ne frappe que des sépulcres. Cependant arriva 1830. L'année commença, à l'extérieur, sous les plus heureux auspices. Le soleil de juillet vint même ajouter un fleuron de plus à la couronne de France; mais ceux qui avaient conçu et opéré la conquête, ne devaient pas en jouir, et au moment même où Charles X parut le plus fort et le plus heureux des rois, il fut le plus faible et le plus infortuné des hommes. Les derniers échos de la prise de la Casauba vinrent, en mourant, se mêler au bruit des barricades; Alger se rendait au roi très-chrétien; Paris s'insurgeait contre le roi parjure. En Afrique, sur une côte barbare, le Croissant saluait la Croix; en France, au sein de la première ville du monde civilisé, on la brisait, et, sur ses débris, une monarchie de huit siècles périssait au milieu des applaudissements qui proclamaient sa puissance. Chose inouïe dans les fastes de l'histoire, le manteau de la victoire fut pour elle le linceul de la tombe. Les ordonnances, il ne faut pas le croire, ne furent pas la cause d'un changement si subit (il venait d'ailleurs), mais elles servirent merveilleusement à manifester l'esprit de la France, et à hâter, en politique, une réforme que la société réclamait depuis longtemps. On se battit pendant trois jours, et la lutte, commencée le 27 juillet, était terminée le 29; mais tout à l'avantage du peuple. Les prétentions et l'orgueil de quelques individus tombèrent devant la sévère logique des nations, et le despotisme, cité à la barre de la liberté, fut traité comme il le méritait.

Charles X et sa famille reprirent, pour la troisième fois, le chemin de l'exil. Cependant on organisa un gouvernement provisoire dont les chefs, il faut le dire, déployèrent les plus rares talents. On s'occupa de reconstituer l'état et d'asseoir sur les débris de la monarchie abolue le règne de la liberté qu'on venait de conquérir; il ne s'agissait que de choisir le mode qu'on adopterait; ce n'était pas chose facile: quatre partis à prendre se présentaient. Quel était celui qui entrait le plus dans les intérêts de la nation et qui garantissait au pays une paix durable?

Devait-on, comme aux jours de Pépin et de Hugues, tirer du milieu de la foule un Français obscur pour le placer sur le trône? devait-on admettre une république comme aux États-Unis? devait-on rappeler la famille de Napoléon et rendre au fils ce qu'on avait enlevé au père? devait-on enfin maintenir dans la branche cadette des Bourbons une couronne que les aînés n'avaient ni pu ni su conserver?

D'abord, dans l'élection d'un Français, se présentait un grand obstacle, la naissance; un Français, élevé sur le trône, quelque talent pour le maniement des affaires qu'on lui suppose, ne se serait jamais fait respecter; on aurait continué de voir en lui le citoyen avant de s'accoutumer à ne voir que le roi. La chose n'était pas faisable, la France aime à voir dans ses souverains un sacre: celui de la naissance ou celui de la gloire. La république, comme on le sait, ne convient pas à la France; on avait fait un si triste essai de celle de 1791! A l'inconvenance de la mesure se joignaient l'horreur et l'exécration du nom. Force fut donc d'abandonner ce parti. Le duc de Reichstad offrait plus de garanties: par sa mère, il descendait d'une des plus illustres maisons de l'Europe. Son père le couvrait encore de toute sa gloire. Sa mère répondait du passé, son père de l'avenir; la plus grande partie de l'armée aurait salué de ses acclamations de joie le rejeton du grand empereur, les grenadiers de la vieille garde surtout auraient, à cette proclamation, senti renaître toute leur ancienne ardeur, et auraient encore, s'il l'eût fallu, volé à la gloire sous les drapeaux du fils de Napoléon; mais malheureusement leurs rangs décimés n'offraient qu'une majorité bien faible, et le souvenir ainsi que le nom de Bonaparte épouvantait bien des âmes timides : l'esprit de la nation était d'ailleurs universellement affaibli sur le compte du prisonnier de Sainte-Hélène.

Restait le duc d'Orléans, et l'on s'y attacha; il réunissait en lui seul tout ce que les autres n'avaient pas même pris ensemble. Doué d'un génie rare et d'un talent extraordinaire, il avait appris sur les marches du trône où il était né, et au milieu du peuple où il avait vécu, ce qui convenait au monarque et au citoyen : il tenait de sa naissance les vertus royales, et de ses habitudes l'amour des Français, et le secret de les gouverner. Aussi le choix fut-il bientôt fait. Assemblés à l'Hôtel-de-Ville, les représentants du peuple, les députés présents à Paris lui transmirent, le 9 août suivant, le nom et l'autorité de roi. Le duc d'Orléans accepta la couronne par amour pour la nation, et la nation reconnaissante répondit à ce dévouement généreux par des applaudissements longtemps prolongés. Louis-Philippe, en s'asseyant sur le trône, prit le titre de roi des Français, il régnait au nom de la liberté et par le consentement du peuple. Les choses étaient rétablies.

Cependant il y eut réaction; la France, comme il arrive toujours dans l'effervescence du moment, voulut se venger de la contrainte où on l'avait tenue si longtemps; elle fut sage néanmoins et éminemment modérée même dans sa puissance et pendant sa colère. Elle s'arrêta quand elle eut reconquis ses droits, elle se montra grande et généreuse; elle n'insulta pas aux vaincus, elle les força seulement à avouer leur défaite et leur ineptie. Cet aveu donné, elle les laissa, et fait unique dans l'histoire des nations, le peuple de Paris, sans chef et sans frein après avoir recouvré sa liberté, au sein de la victoire et de la puissance, parut aussi calme qu'il avait été violent et impétueux lorsqu'on avait insulté à son honneur ; on eût dit un tuteur qui corrige noblement les écarts de son pupille prévaricateur. Tout rentra dans l'ordre sans force et sans contrainte.

Dans cette réaction politique et même quelque temps après encore, la religion ne fut pas oubliée ; elle avait partagé les fautes de la royauté absolue, ou du moins, à cause de son alliance avec elle, elle était censée l'avoir fait ; il était donc juste qu'elle donnât sa part d'expiation ; de vieilles jalousies longtemps comprimées eurent un libre cours. On abattit les croix, on poursuivit les prêtres, non, et je ne crains pas de le dire, non par haine pour la religion, puisqu'on réclama les bénédictions du prêtre sur les victimes palpitantes de la réforme [1], et qu'on planta des croix sur leurs tombes ; mais en haine de ceux qui, par un mélange sacrilége de religion et de politique, avaient stipulé la servitude de la nation en faveur du despotisme. On avait d'ailleurs depuis assez longtemps apprécié l'inutile pour ne pas dire l'indécente assiduité des prêtres à la cour ; aussi la première justice qu'on exerça à leur égard fut de les reléguer auprès de leur troupeau et dans leurs églises, d'où ils n'auraient jamais dû sortir. 1830 n'aurait-il procuré d'autre avantage à la religion, nous n'en saurions jamais assez bénir la divine Providence.

[1] M. l'abbé Paravey (qui veut bien nous honorer de son amitié), vicaire à Saint-Germain-l'Auxerrois, fut prié d'aller donner les dernières bénédictions de l'église aux victimes de juillet. On le reporta en triomphe chez lui et on mit à sa porte deux sentinelles avec cette inscription : *Respect aux appartements de M. Paravey.* Le bon abbé reçut quelques jours après la croix de la Légion d'honneur.

On a beaucoup crié contre les excès auxquels on se porta dans certaines provinces, on a accusé le gouvernement d'avoir soutenu ces hostilités déchirantes : on a eu tort. On en a fait un crime public, et ce n'étaient que des abus, fruits malheureux des passions humaines, où le gouvernement ne devait et ne pouvait politiquement prendre aucune part. Le roi, qui comprenait son siècle, savait qu'il fallait laisser au temps le soin de calmer les esprits. Vouloir arrêter ces désordres, c'eût été les fomenter. On sait d'ailleurs que, dans la plupart des lieux où l'on força les barrières du sanctuaire, c'étaient des haines particulières, des inimitiés personnelles qu'on cherchait à satisfaire. C'est à ces esprits mal faits, nés pour les désordres et les scandales, qu'il faut s'en prendre, et non au gouvernement, qui gémissait en secret de toutes ces messéantes et grossières tracasseries. Les orgueilleuses exigences des petits parvenus en politique, et quelquefois, nous le disons à regret, l'intolérance des prêtres ont occasionné bien des brouilleries scandaleuses. L'expérience ne nous l'a que trop appris.

CHAPITRE IV

De Louis Philippe Ier, roi des Français, et de sa famille.

Il a été dans la fortune de Louis-Philippe de s'associer à toutes fortunes de la France, d'avoir été le compagnon et presque le courtisan de ses triomphes comme de ses détresses. Il lui fut donné de prendre sa part de gloire avec la France militante, sur des champs de bataille, et de vivre bientôt après en communauté d'exil avec des Français dépouillés et fugitifs comme lui. Le même prince que la restauration ramenait en France en 1814, devait être porté sur le pavois, par la France de 1830. Aussi, après les troubles qu'amena la réforme, apparut-il comme le sauveur de la nation, et l'aurore de son règne fut-elle saluée avec transport par tous les bons Français. Toutefois, quelques hommes firent opposition seulement pour faire opposition, pour penser et agir autrement que les autres. Certains journaux, aveugles dépositaires des vieilles traditions, se joignirent à eux, et, de ce concert d'opinions s'exhala un piteux cri de mécontentement qu'on sut mépriser. C'était au reste là tout l'honneur que méritaient ces criailleries puériles et ridicules comme tant d'autres dont on étourdit encore aujourd'hui nos oreilles.

Il n'est pas de roi, depuis le commencement de la monarchie, contre lequel l'esprit de parti se soit plus déchaîné; il n'est pas d'injure qu'on lui ait épargnée, pas d'absurdité dont on ne l'ait rendu responsable : et pourtant il n'est point de monarque qui l'ait moins mérité. Mais sa grandeur d'âme a su fouler aux pieds ces banales attaques, et son génie a marché au salut de la France, comme le soleil marche à la fécondité de la terre, en versant ses torrents de lumière sur ces obscurs blasphémateurs. Dès le moment où il fut roi, Louis-Philippe consacra sa vie tout entière au bonheur de son peuple. Ses plaisirs, ses habitudes, et ses jouissances les plus chères cessèrent subitement. On ne vit dans l'ancien duc d'Orléans que le véritable monarque; son sommeil fut abrégé en proportion de ses occupations. Louis-Philippe ne s'assit pas sur le trône pour s'endormir mollement sous la pourpre, mais pour porter vaillamment le poids du sceptre; il ne s'enfonça pas dans les Tuileries pour couler des jours de délices et de plaisirs, mais pour s'appliquer incessamment au rude métier de la royauté et au bonheur de ses sujets. Il savait le besoin qu'avait la France de se reposer de ses longues et funestes dissensions; il chercha constamment à rétablir la paix et l'union. En un mot, Louis-Philippe possède toutes les vertus de ses prédécesseurs, sans avoir aucune de leurs faiblesses.

Et pourquoi néanmoins faut-il que le génie du mal soit venu troubler une vie si pleine, si utile et si nécessaire à la France? Quatre fois un fer assassin a menacé des jours aussi précieux!.... Mais grâce à la divine Providence qui, plus forte que les bataillons armés et les ressources humaines, veille sur l'homme de son choix; les projets des méchants se sont évanouis, et ont tourné à la honte et à la perte de leurs abominables auteurs.

Cependant le roi n'en est pas moins fidèle à son mandat. Il se ne livre pas avec moins d'ardeur et de constance à l'administration de son royaume. Tous les jours, bien avant l'aurore, lorsque le plus grand nombre de ses sujets repose dans les bras d'un paisible sommeil, lui, à la lueur d'une lampe solitaire, consulte en silence les besoins de la nation, et trace, pour l'avenir, des plans d'amélioration et de prospérité. Tous les jours, encore, il se fait rendre un compte exact et sévère des différents ministères; lui-même il examine tout avec la plus scrupuleuse attention. Il corrige, efface ou augmente les opérations qu'on lui soumet, selon que l'utilité ou la nécessité du moment le demande; et tout cela Louis-Philippe le fait avec une aisance et une justesse inconcevables.

On a dit et répété, au commencement de son règne, que ce n'était pas lui qui gouvernait, mais ses ministres et ses dévoués, tels que le maréchal Soult, le général de Lafayette, Casimir Périer; mais depuis que le premier a quitté le ministère de la guerre et qu'il vit retiré à sa terre de Saint-Amans, et que les deux autres sont descendus dans la tombe, qui gouverne [1]?

[1] Le maréchal Soult, en se retirant du ministère, a dit

Au milieu de tant d'occupations diverses, Louis-Philippe n'oublie pas ses sujets. Il sait qu'il en est le père aussi bien que le roi. Il fait distribuer à tous les indigents des aumônes abondantes, et son œil a un merveilleux instinct pour découvrir la misère et l'infortune. Pourquoi faut-il qu'un sceau ait été apposé à nos lèvres!!!

Ce que nous pouvons dire du moins en toute vérité, c'est que le roi en donnant n'est guidé par aucun de ces motifs vils et méprisables, dont quelques-uns ont cherché à noircir ses actions. Si le roi donne, c'est par un véritable esprit de charité et de religion... Sa religion... que n'en a-t-on pas dit ou plus tôt que n'ont pas inventé la malice et la calomnie!... Quoi qu'il en soit, nous le disons à la face de la France et nous ne crai-

à un de ses amis : *C'est Louis-Philippe qui fait tout.* Le prince de Talleyrand, interrogé sur ce qu'il pensait de Louis-Philippe, a répondu qu'il était la plus forte tête politique de l'Europe. Les juges sont compétents.....

gnons pas d'être démenti, le roi est religieux, et nous pouvons ajouter éminemment religieux; sa conduite ne répond-elle pas de sa conviction? Quand les relations de nos rois ont-elles été plus pacifiques et plus évangéliques avec le père commun des fidèles, que celles de Louis-Philippe avec Grégoire XVI[1]? Sous son règne, des églises se construisent ou se restaurent, des vases sacrés, des ornements sont distribués aux paroisses pauvres.

La famille royale ne se montre pas moins zélée pour le bonheur de la France et fidèle à la religion de ses pères. Que dire en particulier de la piété angélique de la reine, de sa charité, de sa modestie, de sa résignation et de sa foi? Fidèles aux vertus de la famille, les princes ne se montrent pas indignes des

[1] Le souverain pontife a déclaré en présence de plusieurs cardinaux, à un prêtre respectable qui nous l'a rapporté à son retour de Rome, qu'il n'avait qu'à se louer de la conduite du roi des Français à son égard et qu'il l'aimait beaucoup.

auteurs de leurs jours. Deux d'entre eux se sont depuis longtemps, malgré leur jeunesse, identifiés avec nos armées. L'étranger a déjà pu apprécier leur bravoure, Anvers se souviendra longtemps du duc d'Orléans, Constantine a vu le duc de Nemours, le troisième visite des contrées lointaines, les autres grandissent à l'ombre de l'éducation nationale au milieu de ceux qu'ils doivent un jour gouverner.

Pourrait-on parler de la famille royale, sans s'arrêter un instant à contempler cette jeune femme, naguère si étrangère et maintenant si française? Douée de toutes les qualités qui font les princesses, son cœur a trouvé une sympathie bien touchante avec l'auguste famille qui l'admettait dans son sein et dont elle venait encore resserrer les liens. Sa main n'est étrangère à aucune bonne œuvre, et vous, trop présomptueux Français, cessez, cessez de la haïr à cause de sa religion, Qui sait si quelque jour nous n'aurons pas à nous féliciter de son heureux retour? Peut-être même n'attend-elle que le moment de notre réconciliation. Hâtons-nous de l'opérer!!!

Je ne puis, comme on le sent bien, terminer ce chapitre sans répondre à cette accusation dont on ne cesse de flétrir le monarque. C'est Louis-Philippe qui a provoqué la révolution de 1830, il voulait être roi. Calomnie insigne! Comme bon Français, le duc d'Orléans aimait son pays, et parce qu'il l'aimait, il souffrait du malaise que depuis longtemps on remarquait dans l'intérieur du royaume: A cause de cela, il désirait un changement, il provoquait une révolution si vous voulez; et dans ce sens certes, qui ne formait pas de désir? qui n'avait pas un vœu à faire? Mais qu'il était loin de désirer ce qui est arrivé en 1830! Il le désirait si peu, que si ses nombreux amis et les intérêts de la France ne l'avaient retenu, il pensait lui aussi à s'acheminer vers l'exil, et si Louis-Philippe est roi, ce n'est pas parce qu'il l'a voulu, mais c'est parce que nous l'avons voulu, et l'expérience du passé prouve que notre choix et notre confiance en lui n'ont pas été vains. Ses années puissent-elles être aussi longues et aussi heureuses que nous le souhaitons, et que ses vertus chrétiennes et royales le méritent!

CHAPITRE V

Du gouvernement sous le rapport de la liberté et de la religion.

Dire que le gouvernement actuel est hostile à la liberté et à la religion, c'est montrer la mauvaise foi la plus insigne, ou l'ignorance la plus dégoûtante. Eh! dans quel temps, grand Dieu! jouit-on d'une plus grande liberté! Qui n'est pas libre aujourd'hui de penser, de dire, de faire tout ce qu'il veut? Ceux qui jettent de si hauts cris contre le gouvernement, au nom de qui le font-ils? n'est-ce pas au nom de la liberté? Ceux qui blasphèment l'ordre actuel, au nom de qui le font-ils? n'est-ce pas au nom de la liberté? En vérité la liberté nous investit de toutes parts; son esprit est partout, dans l'air que nous respirons, et sur la poussière que nos pieds foulent; elle est comme un vêtement de fête, qui de chacun de nos jours fait des jours de joie et de bonheur. Liberté! non-seulement nous en sommes les maîtres souverains, mais elle nous est garantie au nom de la loi fondamentale, rien ne peut ni l'altérer ni nous l'enlever; et jamais gouvernement fut-il plus fidèle à sa glorieuse devise, *liberté, ordre public?*

Mais le gouvernement, dit-on, ne protége pas la religion. Tant mieux. Fille du ciel, la religion dédaigne pour appui les faibles roseaux de la terre. Son trône est dans les cieux, et sa destinée est au-dessus de toutes les vicissitudes de la terre. Elle repose sur le bras de Dieu. Et, plus que personne, le peuple, malgré l'ignorance qu'on se plaît à lui supposer, comprend cette vérité profondément consolante. Aussi ne pardonne-t-il jamais à ces ministres timides et de peu de foi, qui, sous prétexte de faire fleurir la religion, la couvrent de la poupre du trône, et font dépendre, les insensés! l'existence et la gloire de Dieu, de la protection des hommes. La religion rejette tout secours humain. Qu'on lui permette seulement de se montrer, elle fait des conquêtes; ceci est d'une vérité reconnue, et le fruit de l'expérience. Avant 1830, lorsque la religion vivait à la cour, et qu'elle était toute chargée des chaînes d'or dont on prétendait l'honorer, un prêtre ne pouvait parcourir avec son costume les rues de Paris, sans s'exposer aux railleries les plus insultantes, et sans provoquer sur son compte des propos scandaleux. Aujourd'hui, avec ma soutane, je vais partout, sur les places publiques et sur les carrefours, et partout je recueille le respect et la bienveillance. Pourquoi donc ce chargement soudain? — Pourquoi? parce que dans le prêtre on regarde la personnification d'un principe fondamental; principe tout d'intérieur et de morale, et depuis que, fidèle à ce principe, le prêtre a secoué le joug de la vie extérieure et politique, il est libre, il est respecté; à côté de moi, passe dans la foule un vénérable frère des écoles chrétiennes, avec son habit modeste; il poursuit tranquillement son chemin; sous un roi très-chrétien, on lui jetait de la boue et des pierres. Pourquoi ce changement? — Pourquoi? parce que le monde a appris à respecter la religion, depuis que quittant la gloire et les pompes des cours où elle s'était introduite contre nature, elle est rentrée dans ses temples, dans les hospices, auprès des malades, des pauvres, et des affligés où elle aurait dû toujours rester.

Le gouvernement ne protége pas la religion : chacun suit ses caprices. Tant mieux : et dans quelle page de l'Évangile a-t-on lu qu'il fallait, par force et par contrainte, exiger des hommes la pratique de la religion? N'est-ce pas la foi qui doit conduire l'homme à Dieu? L'erreur seule a besoin du cimeterre pour s'établir et se soutenir. La vérité le dédaigne. Toute sa force vient d'elle-même. Si la religion avait eu besoin de l'éclat du monde et de la force humaine pour se propager et se répandre en tout lieu, la génération qui l'avait vue naître, l'aurait vue infailliblement tomber et mourir. Né dans une crèche, Jésus-Christ avait à l'avance condamné tous ces dehors menaçants dont on a voulu plus tard surcharger sa religion. Aussi le voit-on toute sa vie converser doucement avec les pécheurs courant après eux, et les entraînant par les charmes de ses paroles; il est le Dieu doux et humble de cœur, qui ne brise point le roseau qui plie, et qui n'éteint point la mèche qui fume encore. Sa patience et sa bonté sont admirables; les apôtres voulaient un jour faire descendre le feu du ciel sur une ville ingrate; vous ne savez pas, leur dit ce doux Sauveur, de quel esprit vous êtes. Certes, notre seigneur Jésus-Christ entendait sa religion aussi bien que nos grands faiseurs de sorties? Que l'on y réfléchisse, et l'on laissera à chacun le soin de son salut. Après avoir prêché avec calme et dignité les vérités de notre sainte religion, il ne nous reste qu'à prier le père céleste, de qui vient tout don parfait, de les faire fructifier dans les âmes; ministres d'un Dieu de paix, nous devons nous faire tout à tous, car tous sont nos frères.

Le gouvernement ne protége pas la religion: tant mieux. Du moins il ne s'inquiète ni du nombre des élèves, ni de leurs études, ni de leur costume; il laisse à la religion le soin de façonner ses ministres, on permet aux dignes enfants du bienheureux Lasalle d'exercer leur humble mission ; on les inquiétait sous Charles X. Enfin nulle institution religieuse qui n'ait sa part de liberté, je dirai plus, sa part de protection. M. Guizot protestant, dans son trop court ministère, a fait plus pour nos écoles que les dévots ministres de la restauration.

Le gouvernement ne protége pas la religion, dites plutôt qu'il ne l'embarrasse pas par une protection importune. Si le gouvernement ne protége pas la religion, c'est qu'il comprend que sa mission ne s'étend pas jusque-là : que n'a-t-on toujours agi ainsi !

Mais qu'on se garde bien de croire que le gouvernement est anti-religieux. Pour réfuter une pareille inculpation, nous n'aurions qu'à montrer la délicatesse que le roi et ses ministres mettent dans le choix des évêques. Ce n'est plus aujourd'hui, comme autrefois, la faveur ou la naissance qui président à ces élections, mais un mérite réel et reconnu. Aussi, grâce au gouvernement de juillet, la religion prospère dans toutes les parties de la France. Appliqués à la surveillance et à l'édification de leurs troupeaux, parce qu'ils ne s'occupent plus des affaires temporelles, les premiers pasteurs des diocèses sont aimés et respectés ; sous leur administration sage et active, leurs ouailles marchent à grands pas dans le chemin de la vertu. Encore quelques années et la religion, sans aucune espèce de protection de la part de ceux qui nous gouvernent, à l'aide de la liberté et de la justice seulement, fleurira plus que jamais. Nous reviendrons sur ce sujet, au chapitre X.

CHAPITRE VI

Du gouvernement sous le rapport de la dignité, de la force et de la popularité.

Le gouvernement actuel, dit-on encore, n'a point de dignité en face des puissances étrangères. C'est un suppliant à genoux, inquiet et timide à l'égard de la Russie, d'une réserve extrême, d'une crainte qui tient de la poltronnerie avec l'Angleterre; enfin, dans une espèce de réciprocité d'indifférence et de froideur révoltante avec toutes les autres nations qui nous entourent, disposé à tout accorder pourvu qu'on lui accorde la vie. O temps, ô mœurs, un Français entend ces blasphèmes, il les souffre!! Que dis-je, c'est un Français.... qui ose les prononcer! Mais non, je me trompais, ce n'est point de la bouche d'un Français qu'est sorti un pareil langage; celui qui a osé le tenir n'est sans doute qu'un de ces illégitimes avortons de race barbare, également étranger aux sentiments de la nature et à ceux de la patrie. Car, on le sait, le Français peut tout perdre... mais jamais l'honneur! Nous savons mourir : mais vivre en lâche et en tutelle, à genoux et suppliant, le Français l'ignore...

Nous sommes timides et craintifs!! non! car nous ne vivons de la vie de personne. Nous n'avons fait aucun pacte honteux avec qui que ce soit, seulement nous avons dit aux puissances environnantes : Respectez nos institutions, et nous respecterons les vôtres; soyez fidèles à vos serments, et nous garderons ceux que nous vous avons jurés.

C'est bien aux partisans de l'ancienne dynastie qu'il appartient de reprocher au gouvernement actuel sa faiblesse. Ignorent-ils qu'en cinquante ans, ils sont tombés trois fois, et que toutes les fois il n'a fallu qu'un souffle populaire pour les abattre. Et qu'est-ce qu'un gouvernement qui ne peut pas se faire respecter? Certes, la garde royale de Charles X était composée de braves soldats et d'habiles officiers, néanmoins elle a été renversée et on l'a vue tomber fidèle à son roi et à son uniforme... Lorsqu'en avril et en juin le gouvernement actuel a été attaqué, il n'avait ni de meilleurs soldats, ni de meilleurs généraux. Les troubles étaient même plus terribles que ceux qui ont jamais menacé la légitimité, cependant le gouvernement a vaincu; mais sait-on pourquoi? c'est que son principe repose sur le sentiment de la nation, c'est que la France voulait avec énergie le gouvernement fondé par elle-même, et qu'elle a accouru en habit de garde national à sa défense lorsqu'il a été attaqué [1].

Depuis huit ans le gouvernement de juillet marche à travers les émeutes. Fort de son principe, il résiste à tout, rien ne peut l'ébranler. Protégé par le vœu de la nation, il se rit des lâches attaques de ses ennemis. Malgré les complots nombreux qui menacent la tête de son auguste chef, pour se soutenir il n'a besoin ni de protection, ni de légions étrangères. Quoi, des enfants reprochent à leur mère commune sa faiblesse et son dénuement; mais, lors même qu'elle serait aussi faible qu'ils la supposent cette France, à qui la faute? n'est-elle pas à ces patriotes égoïstes et capricieux qui, par leur éloignement de la cause commune, déchirent impitoyablement le sein de celle qui les a enfantés et qui les

[1] Paroles de M. Thiers à la chambre des députés.

nourrit? En vérité, y a-t-il de la justice, y a-t-il amour sincère du pays à venir tous les jours accuser le gouvernement, la France tout entière de faiblesse!!

On désirerait peut-être des baïonnettes étrangères..... Mais y songe-t-on? N'avons-nous pas payé assez cher une première invasion!! D'ailleurs, dès l'instant que des soldats étrangers mettraient le pied sur le sol français pour nous amener un roi qui ne fût pas de notre choix, nous nous soulèverions.... et, faudrait-il, quelque obscurs que nous soyons, répandre jusqu'à la dernière goutte de notre sang pour soutenir le trône de Louis-Philippe, nous n'hésiterions pas de paraître les premiers. Il faut en effet avoir bien peu d'amour pour sa patrie, que de vouloir la livrer à des étrangers.... à des Cosaques!

Quoique fort de son principe, le gouvernement travaille avez zèle et persévérance à soulager le peuple et à prévenir même ses besoins. Il n'y a qu'à voir les travaux nombreux auxquels il applique les ouvriers dans tous les quartiers de Paris. Partout des hommes, des femmes et des enfants sont occupés à gagner leur pain aux frais du gouvernement : que de chantiers ouverts ! que de constructions qui se commencent quand à peine d'autres s'achèvent; que d'embellissements ! Parcourez, sans être émus d'admiration, si vous le pouvez, ces merveilles de l'art où la main de l'habile ouvrier a semé, en se jouant, autant de chefs-d'œuvre qui iront raconter jusqu'à la dernière génération et la gloire de notre monarque et le goût de notre siècle; ces galeries du Louvre, la place de la Concorde, le palais de Versailles, l'église de Saint-Denis, la Magdelaine, Notre-Dame-de-Lorette, Saint-Vincent-de-Paul? Partout les monuments les plus imposants et les plus riches attestent au voyageur la tendre sollicitude du gouvernement pour les arts, la religion et le peuple.

Un moment ébranlé, et, par-dessus tout, effrayé de tant d'incertitudes où l'avaient d'abord jeté nos derniers troubles politiques, le commerce, il est vrai, a tremblé; son avenir avait paru compromis, et le capitaliste, justement prudent, avait assuré ses fonds. Mais, grâce au temps qui guérit tout, le malaise a fui, et rien ne paraît à l'avenir devoir alarmer notre sécurité. La bonne harmonie de notre gouvernement avec les puissances étrangères ne peut que rassurer le génie des entreprises. Aussi voyons-nous, depuis quelque temps, le commerce sortir de l'état de stagnation où l'avaient plongé nos craintes et nos méfiances, et tout fait présager à la France un long cours de prospérité et de gloire. Ayons seulement confiance en l'homme qui nous gouverne; rallions-nous autour de son trône comme les enfants d'un même père; donnons-nous enfin le baiser de paix, et cette belle France, notre patrie, brillera au sein de l'Europe comme le soleil radieux de la civilisation, du bon goût et de l'intelligence. Ces vœux seront-ils entendus de tous les Français?

CHAPITRE VII

Du gouvernement sous le rapport de la moralité.

Qu'on ouvre les annales des peuples, qu'on étudie les mœurs des nations et le caractère des écrivains qui nous ont transmis leur histoire, l'on n'y trouvera jamais autant d'injustice que dans notre siècle. Ce sera sans doute pour nous un beau titre de gloire dans les générations futures!

L'on pouvait bien autrefois avoir des préventions : et quel est le siècle qui n'en a pas? Mais alors, du moins, on appelait bien ce qui était bien, et mal ce qui était mal; on rendait justice au courage, au dévouement, et l'on flétrissait la lâcheté et l'égoïsme; enfin, on distinguait le crime de la vertu. Aujourd'hui les temps ont bien changé; le langage surtout de certains journaux est devenu inintelligible pour nous, aussi bien que leurs pensées. A les entendre, ils sont religieux; du moins étalent-ils en gros caractère, au haut de leurs colonnes, les grands mots d'intérêt national et de religion; mais lorsqu'on vient à les lire, on ne trouve que le fiel et l'absynthe : dévots et légitimistes à gages, leurs rédacteurs inscrivent au protocole de leurs titres les sentiments qu'ils n'eurent jamais. Aussi les voit-on crier, avec une amertume vraiment scandaleuse, aux abus qui toujours échappent à la faiblesse humaine, et garder un silence criminel sur le bien que l'on procure à la société; ou s'ils ne peuvent décemment se taire, ils disent les choses de manière à les atténuer ou à les rendre méprisables. Que faire! c'est toute leur science; il faut avouer qu'elle n'est pas à envier. Pour nous qui aimons le bien, nous le dirons avec satisfaction partout où il sera, et c'est au reste avec cette conscience religieuse et impartiale que nous jugeons toujours nos frères et leurs actions. J'ai trop bonne opinion de l'humanité, disait un célèbre professeur, pour que je puisse donner accès à aucune pensée qui lui soit défavorable : j'aime mieux passer pour irréfléchi que de la juger mal. Nous avons depuis longtemps adopté cette pensée tout entière pour notre conduite; elle est souverainement évangélique. Expliquons-nous.

Sous Louis XVIII, roi très-chrétien, et sous Charles X, si connu pour son dévouement à la religion, trois plaies désolaient la société, sans que l'on ait jamais, que je sache, sérieusement songé à les guérir. Cependant, que n'aurait pas pu faire Louis XVIII! La loterie royale, les maisons de jeu et les filles publiques étendaient leurs ravages d'un bout à l'autre du royaume; qui ne sait le nombre de victimes que ces hideuses et révoltantes passions ont moissonnées! Plus terribles dans leur fureur que ce fléau qui naguère promenait au sein de nos florissantes cités l'épouvante et la mort, ces trois mégères, déchaînées du fond de l'abîme, immolaient chaque jour à leur insatiable avidité et entassaient pêle-mêle dans la tombe le vieillard aux cheveux blancs, et le jeune homme bien souvent unique espoir d'une famille entière. Leur courroux était d'autant plus à craindre, qu'il s'étendait du corps à l'âme, du temps à l'éternité; leur empire semblait établi sur des bases solides, et d'autant plus durables, qu'il avait résisté à tous les scrupules de la cour. Rien n'avait jusqu'ici pu maîtriser ses ravages; ni la triste expérience de tous les jours, ni l'influence de la religion, ni les larmes des mères, ni la désolation des familles. Il ne restait plus qu'à fermer les yeux, et, le regard tourné vers le ciel, attendre avec résignation l'heure de la délivrance. Il était réservé au gouvernement de 1830, qu'ont se plaît tant à appeler *immoral*, d'agiter l'airain restaurateur, et de guérir ces grandes plaies sociales. Quelles difficultés pourtant n'avait-il pas à surmonter!

La liberté, que l'on confond trop souvent avec la licence et l'anarchie, était dans tous les cœurs et sur toutes les bouches; l'effervescence que des passions irritées avait imprimée aux esprits peu instruits, et par conséquent peu accessibles au raisonnement et aux convenances, rendait ces mesures plus difficiles encore. Néanmoins, il a commencé par abolir la loterie, ce gouffre insatiable comme ses victimes, qui recevait de tous pour ne donner qu'à un seul. Que de fois a-t-on vu un infortuné père de famille, dévoré de l'ardente soif du gain, alléché par l'appât de cet horrible mode de s'enrichir, arracher à une épouse éplorée et à des enfants affamés, la nourriture du jour, et, bientôt après, trompé dans son attente, se donner volontairement la mort[1]? Cette manie surtout était en grande vogue parmi la classe ouvrière.

Les maisons de jeu avaient aussi leurs nombreux habitués : que de malheureux cette passion a perdus ! que de familles elle a ruinées et réduites à la dernière misère! que de jeunes gens elle a flétris ! que de suicides sortis du sein de ces retraites immondes ! que de projets de crimes n'ont pas éclairé ces torches branlantes de lucre ?

Le gouvernement a compris sa mission, et, par des ordonnances sévères, il a mis fin à cet horrible guet-apens social. La loterie a dis-

[1] Nous avons connu plusieurs personnes estimables d'ailleurs, travaillées de cette misérable maladie; toutes, une exceptée, ont attenté à leurs jours.

paru tout à coup, car rien ne pouvait favoriser son existence. Il n'en a pas été de même des maisons de jeu ; comme la passion des hommes fait leur vie, elles trouveront toujours un aliment et une retraite obscure. Mais grâce à la surveillance exacte et rigoureuse qu'exerce le gouvernement, ces infâmes réduits seront découverts, et les coupables agioteurs par leurs peines, aussi bien que les surveillants par leur fermeté persévérante, décourageront l'envie la plus forte et la plus déterminée.

S'il nous était donné de penser ainsi des filles publiques, ces créatures infortunées vendues de bonne heure à la prostitution! mais nous craignons bien que quelques précautions que prenne le gouvernement, il ne parvienne jamais à détruire cette funeste plaie de la jeunesse. Quoi qu'il en arrive, nous devons être reconnaissants envers l'administration d'avoir réduit le nombre de ces Messalines effrontées, et l'avoir de plus condamné à vivre comme l'oiseau nocturne dans les ténèbres et loin de la vue du jour. Depuis quelque temps le Palais-Royal a vomi ces immondices révoltantes, et s'il en reste encore quelques-unes, il faut espérer que la honte de se trouver seules, et peut-être même l'horreur de leur profession, les forceront à quitter une vie si méprisable et si digne de l'être.

Que le gouvernement poursuive seulement sa carrière avec courage et persévérance, qu'il achève ce qu'il a si heureusement commencé, et bientôt nous serons délivrés, sinon entièrement, car qui d'entre les mortels peut changer le cœur de l'homme! du moins en partie, de cette autre peste non moins nuisible à la société que la passion du jeu! En attendant, honneur et gloire au gouvernement immoral de juillet d'avoir seulement eu la pensée de rétablir une morale qui s'en allait sous des rois très-pieux, et qu'on se plaisait à nommer dans toutes nos feuilles légitimistes, *fils aînés de l'église*. Il faut avouer qu'il y a un singulier contraste; la légitimité laissait périr la morale en favorisant l'immoralité, en supportant, en entretenant même la loterie, les maisons de jeu et les filles publiques, et on lui donnait le nom de gouvernement *religieux* et *moral*. Le gouvernement actuel protége et défend la morale, en poursuivant l'immoralité, en supprimant la loterie, les maisons de jeu et les filles publiques, et on l'appelle un gouvernement *anti-religieux* et *immoral*. En vérité y a-t-il de la justice! Que le lecteur examine, et qu'il donne avec impartialité la palme à qui elle est due!

CHAPITRE VIII

Du mélange de la politique et de la religion. — Ses effets.

On dit que la France, depuis 1830, est devenue irréligieuse. Erreur ou mauvaise foi. La religion depuis huit ans a plus gagné dans l'esprit des Français que pendant les quinze années de la restauration. Je ne crains pas même d'ajouter que si l'état des choses n'avait pas changé, c'en était fait de la religion en France. Car, tout en se prêtant un mutuel secours, la politique et la religion ne doivent pas empiéter, l'une sur les droits de l'autre, encore moins s'allier. Mais elles doivent se tenir chacune dans les limites de son domaine particulier. Leur mélange enfanterait le désordre, et la religion serait toujours la victime. N'est-ce pas ce que nous avons vu de nos propres yeux en 1827, 1828, 1829? Vit-on jamais plus de prêtres à la cour? vit-on jamais sur le trône un roi plus chrétien? et cependant vit-on jamais plus d'impiété, plus de sarcasmes, plus de rage contre la religion et ses ministres? Depuis 1817 que n'a-t-on pas écrit contre les prêtres et contre leur ministère? Qu'on m'explique cette haine effrénée et cette guerre à toute outrance, autrement qu'en disant que la religion avait méconnu sa place et sa destinée; elle voulait être politique, et son ambition l'avait perdue; elle voulait s'immiscer aux affaires de ce monde, et les affaires de ce monde l'étouffaient; elle avait renié sa mission céleste en faveur de la terre, et la terre, au lieu de se convertir à la religion, avait travesti la religion... en courtisane ambitieuse !

Jamais, sous la restauration, la religion ne fut présentée seulement comme le culte le plus intime de l'âme sans nul rapport avec les intérêts du monde, elle a été toujours mêlée à la politique ; pour encourir le reproche d'irréligion on n'avait qu'à contrarier le sentiment des autorités ecclésiastiques sur les affaires du gouvernement. On ne sut jamais à cette époque faire le juste discernement de la politique d'avec la religion. On peut tenir à son opinion, s'irriter même contre ceux qui veulent imposer leur manière de voir en politique, et cependant n'en être pas moins bons chrétiens. A quelle page des divines Écritures est-il dit que, pour être sauvé, il faut être partisan de la dynastie tombée? en quel endroit de l'Evangile est condamné le gouvernement que nous avons établi en juillet 1830 ? Je ne vois partout dans les livres saints qu'une seule doctrine, l'obéissance, la soumission à la volonté divine et au pouvoir humain. Que n'est-on chrétien sans intérêt et sans passion? Il ne suit pas de ce que la France a brisé le trône de l'ancienne dynastie sur l'escabaut doré de l'église, pour conquérir la liberté, qu'elle ne soit pas chrétienne. Le christianisme, au contraire, n'est si éminemment social que parce qu'il proclame la liberté, et qu'il l'établit partout où il pénètre. La religion chrétienne est tellement le principe, la source la plus pure de la vraie liberté, que, comme deux sœurs inséparables, elle n'habite que les contrées où les peuples les confondent dans le même culte et dans le même amour... A l'ombre tutélaire de la véritable religion de l'Evangile, charte immortelle des chrétiens, la liberté, fertile en bienfaits, les prodigue à toutes les classes de la société qui s'en rendent dignes par leurs vertus, en entourant d'un respect inviolable les droits de tous les hommes écrits dans cette charte divine en lettres ineffaçables. Mais la religion vient-elle à s'exiler de la terre, le crime et l'impiété la forcent-ils à remonter vers le ciel, d'où elle est descendue, quelle image effrayante du chaos et de l'enfer! plus d'autel! plus de liberté! la licence et l'anarchie apparaissent avec leur cortége hideux d'hommes pervers, aux yeux desquels la justice n'a rien de sacré, la vertu n'a rien de respectable. Les saturnales de la corruption, les horreurs d'une basse tyrannie, voilà ce qui tient leur place.

Aussi, dès qu'en 1830 on a, au nom de la liberté, cessé de réunir ce que Dieu avait séparé, la religion et la politique, que le clergé a eu moins de crédit et de puissance civile, la nation est devenue sincèrement religieuse. Pour opérer cette séparation, il est vrai, l'on a peut-être été trop loin; des abus énormes, il ne faut pas le dissimuler, ont accompagné et suivi la réforme : nous l'avons déjà reconnu. Mais sont-ils de bonne foi, et raisonnent-ils, les privilégiés de la politique et du clergé, lorsqu'ils infèrent de là que l'on est factieux si l'on veut une constitution; et un incrédule, si l'on redoute l'influence des prêtres dans les affaires de ce monde?

Les sermons, sous la restauration, ne portaient souvent que sur des questions politiques; les peuples ne se sont plus reconnus autour des chaires chrétiennes. Depuis 1814, le clergé n'a pas cessé de lancer des imprécations contre la philosophie et contre la révolution; c'était le sujet de la plus grande partie de ses prédications : et, à mon avis, ces sortes de discussions à la louange de la politique du jour, et ces diatribes saintes contre ses ennemis, édifiaient mal les personnes d'une opinion contraire; au lieu de les rattacher au principe, c'était le plus sûr moyen de les aliéner. L'on a peu d'égards, dit madame de Staël, pour celui qui nous prêche le soir, si le matin il a fallu se disputer avec lui; et la religion souffre toujours de la haine que les questions politiques inspirent contre les ecclésiastiques qui s'en mêlent.

De plus, des hommes imprudents ont montré le clergé comme l'instrument du pouvoir qu'ils aspiraient à exercer; en invoquant sans cesse l'union du trône et de l'autel, ils ont annoncé qu'ils voulaient faire servir l'autel de fondement au trône, et par conséquent ils ont proclamé la souveraineté de droit divin. L'intérêt du clergé exigeait au contraire qu'on le montràt séparé du trône, c'est-à-dire dans une indépendance absolue de lui. Aucune pensée ne pouvait lui être plus funeste. Pourquoi faut-il que le clergé se soit laissé aller à cette fatale participation avec la politique !

Qu'on se désabuse encore, si l'on croit qu'ils faisaient beaucoup de bien ces hommes qui, le signe du christianisme à la main, sillonnaient la France dans tous les sens : ils allaient, se livrant sans règle ni mesure, à des déclamations politiques enflammées, ressuscitant tout ce qui s'était passé depuis vingt et trente ans, ne croyant jamais avoir assez chargé le tableau, tandis qu'il ne fallait travailler qu'à le faire oublier, qu'à l'effacer par la persévérance du silence. Ils semaient partout des germes de discordes, et par là même faisaient revivre beaucoup de haines contre le clergé. Aux lieux où ils arrivaient, précédés par les désirs des uns, par l'effroi et les ombrages des autres, les partis déjà dissous se reformaient et venaient dans nos temples comme dans des camps ennemis, présenter l'image de deux armées en présence. Est-ce donc pour cela que les temples sont faits? est-ce le Dieu des chrétiens, ce Dieu de mansuétude ou de fraternité, que l'on y sert? ou bien quelque divinité ennemie du repos des hommes? Le bien passager que ces hommes faisaient dans un genre, était sûrement plus que compensé par le mal durable qu'ils laissaient après eux; car je ne sais s'ils laissaient les hommes meilleurs chrétiens, mais j'ai bien la certitude qu'ils ne les laissaient pas meilleurs amis. Je me suis trouvé, ajoute M. de Pradt, dans les lieux embrasés par leur présence, et je ne pense pas qu'à aucune époque de la révolution, une animosité plus vive entre les habitants se soit fait remarquer. Ce n'est pas là l'esprit de la religion.

Il serait injuste de prétendre que la France est irréligieuse parce qu'elle n'applique pas au gré de quelques membres du clergé le fameux texte que toute puissance vient de Dieu; texte dont l'application sincère est facile, dit madame de Staël, mais qui a merveilleusement servi les traités que le clergé a faits avec tous les gouvernements, quand ils se sont appuyés sur le droit divin.

Non, non, la religion n'est pas perdue en France, parce qu'elle ne rampe plus aux pieds du trône; bénissons au contraire la divine Providence d'avoir brisé ces liens de servitude où l'avait ignominieusement jetée notre ambition. Si nous n'avions pas été si près de la politique, nous n'aurions pas eu tant de pamphlets à supporter, ni tant d'humiliations à dévorer; notre ministère eût eu aussi plus de succès, et la religion aurait été plus respectée. Philippe-le-Long renvoya autrefois les prêtres de sa cour, en leur disant qu'ils devaient être trop occupés des spiritualités pour avoir le temps de songer aux temporalités. Que n'avons-nous toujours connu et suivi ces maximes!

CHAPITRE IX

Etat réel de la religion en France.

Si l'on s'en rapportait aux descriptions pathétiques dont des déclamateurs ou des malveillants ont inondé la France depuis 1830, on pourrait croire qu'il n'existe plus aucun sentiment religieux dans l'esprit des peuples qui habitent cette contrée, et que tout, jusqu'aux pierres du sanctuaire, a été détruit. On voudrait nous persuader que la religion a entièrement disparu du milieu de nous. Il en est de ceci comme de toutes ces vaines déclamations de politique, où l'on tente de faire passer des descriptions de fantaisie, tristes fruits d'une imagination creuse, pour le tableau véritable de l'état en France. Ce sont des enfants dénaturés autant qu'insensés, pour lesquels la religion et la patrie ne sont jamais assez humiliées, et qui font leur bonheur de leurs malheurs et de leur déshonneur. Et ceux qui écrivent ainsi, se disent religieux et Français, et qui pis est, se croient des hommes d'esprit!

Néanmoins, partout les édifices religieux sont en nombre suffisant pour le service de Dieu. En quelques endroits même il s'en trouve au delà du nécessaire. Les évêchés, les séminaires et les presbytères qui avaient souffert de l'effervescence des passions en 1830, ont été réparés et rendus à leur destination première[1]. L'archevêché de Paris seul a fait

[1] Deux cent seize mille francs viennent d'être alloués pour la réparation de Saint-Germain-l'Auxerrois.

placé à une promenade publique, et si le premier pasteur de la capitale se trouve maintenant encore sans asile, n'en accusons point le gouvernement.

Les diocèses sont tous suffisamment fournis de prêtres; quelques-uns même surabondent, et sont obligés de donner le superflu de leur moisson à d'autres diocèses dont la terre lévitique est plus stérile.

En 1831, un homme d'un génie supérieure, devenu depuis malheureusement trop célèbre, a soulevé une question de haute importance; savoir si le clergé devait renoncer loyalement au traitement que le gouvernement lui fait. L'illustré écrivain s'est déclaré pour l'affirmative. Nous nous garderons bien de prononcer, mais nous prierons ceux qui demandaient à cette époque comment le clergé aurait pu se soutenir par les seules oblations des fidèles, de nous permettre de leur adresser quelques demandes à notre tour : D'abord un besoin réel de la société, peut-il manquer d'être desservi? Une profession quelconque ne suffit-elle pas aux besoins de ceux qui l'exercent? Quelles sont les églises d'Europe qui, indépendamment de l'état, manquent de pasteurs? Quel est enfin le clergé qui manque de moyens de subsistances? cela ne s'est jamais vu dans aucun pays du monde. Partout le besoin rapproche les hommes et les fortunes. De quoi vit le clergé en Saxe, en Hollande, en Angleterre, en Irlande, en Amérique? Il en eût été de même en France. Pour cela il ne s'agissait que de savoir s'il y avait dans notre pays un désir véritable de la religion. S'il existait, dès lors elle ne pouvait manquer de ministres. Des hommes religieux se passeraient de pain plutôt que de culte. On en a vu la preuve pendant la révolution et la persécution. Jamais les prêtres n'avaient été ni plus recherchés, ni mieux traités.

Conclure de ce que les préceptes légaux ne sont pas généralement et strictement observés, qu'il n'y ait plus aucun sentiment religieux dans le peuple ; ce serait se tromper. Il me semble qu'il y a une distinction essentielle à faire entre les actes extérieurs et le sentiment religieux. Tel homme est indifférent pour la religion et ses ministres, en temps de calme, qui exposerait hardiment ses jours pour sauver l'un et l'autre, s'ils venaient à se trouver en danger. Ceci est d'une expérience notoire.

Jamais la France ne fut plus religieuse qu'à l'époque actuelle : elle l'est plus qu'elle le fut à une époque bien renommée dans les fastes de la dévotion, celle de Louis XIV; elle l'est plus que sous Louis XV, temps de la plus grande licence: elle l'est plus que sous Charles X.

Non, sous Louis XIV, à côté de Fénélon et de Bossuet, il n'y avait pas une religion véritable, un vrai sentiment religieux; il y avait de la pompe dans le culte, il y avait de la théologie, dirons-nous après M. de Pradt, une religion politique en un mot ; car Louis XIV ne s'est jamais occupé de la religion que comme d'une affaire positive et légale. Les hommes qui l'entouraient ne la regardaient pas autrement. Etait-il religieux ce temps où toutes les passions à l'envi, la dissolution des mœurs, la fureur des duels, la frénésie du jeu, l'amour du luxe, formaient l'état habituel de la société? Notre âge, tant maudit[1] et si souvent insulté, a-t-il produit rien de pareil? Était-il religieux ce temps où

[1] Il y a des hommes qui se font un bonheur de célébrer les crimes qu'éclaire notre siècle et que les journaux répandent à grand bruit ; mais que l'on veuille bien songer à ce qui se passait dans d'autres temps. Que n'a-t-on pas vu sous Henri IV?... Que n'offre pas à l'œil de l'observateur attentif le règne de Louis XIII?... De combien de crimes ne s'est pas souillé le siècle de Louis XIV?... Louis XIV, lui-même, comment s'est-il comporté à l'égard du souverain pontife, dans la misérable affaire des franchises? quel despotisme n'a-t-il pas exercé pour ces frivoles disputes du jansénisme? On a vu sous son règne un vieillard oublié dans les cachots de la Bastille et de-

l'on passa subitement des discussions théologiques, présidées par madame de Maintenon, aux saturnales de la régence? Un peuple n'abjure pas sa religion dans vingt-quatre heures. Non, il ne l'était pas, et il ne pouvait pas l'être ; pour qu'il l'eût été, il faudrait démentir le cœur humain [1].

Fut-il religieux le règne de Louis XV, époque fameuse où, depuis le monarque jusqu'au

mandant d'y être ramené, comme dans le seul endroit qui lui retraçât des souvenirs. Pendant sa longue détention tout ce qu'il avait connu avait cessé d'exister ; il se trouva sans liens dans le monde, et chose épouvantable, sans autre patrie... que la Bastille.

[1] Racine a dit :

> Ainsi que la vertu, le vice a ses degrés,
> Et jamais l'on a vu la timide innocence
> Passer subitement à l'extrême licence.

On avait une singulière manière d'être religieux dans le temps de Louis XIV. La vie se passait en débauches ; la vieillesse arrivait, avec elle les directeurs, les confesseurs, et une pénitence publique en expiation d'une vie entière de désordres. A quoi cela conduisait-il ? à ce que chacun dernier des sujets, on vit tant de désordres éclatants, et où la dissolution des mœurs forgeait déjà ces foudres qui devaient plus tard écraser nos temples?

Le règne de Charles X ne fut pas plus religieux, il n'y eut pas plus de vrai sentiment de religion sous ce prince que sous Louis XV et sous Louis XIV. La religion était tout entière sur les livrées. Mais le cœur en était entièrement vide; on la croyait vivante, elle était morte; morte au sein d'un culte pom-

fît de même, et donnant les deux parties valides à ses plaisirs, réservât la partie invalide pour Dieu. N'était-ce pas là le comble de la dérision?

C'est un rare tableau que celui que nous a laissé, des illustres chrétiennes de la cour de Louis XIV, Saint-Simon, lorsqu'il nous les dépeint désertant la chapelle de Versailles à la voix perfide de Brissac, qui, pour mettre à l'épreuve la vertu de ces anges, leur annonçait l'absence du roi, au yeux duquel ce pieux troupeau se montrait journellement empressé de venir étaler sa ferveur et son assiduité dans ce temple où, comme Phèdre, elles ne venaient que pour,

Offrir tout à ce Dieu qu'elles n'osaient nommer.

peux, morte au milieu du brillant et nombreux cortége qu'on s'efforçait de lui donner. Tels ces arbres majestueux qui semblent pleins de vie, et qui, intérieurement rongés par un ver destructeur, tombent et périssent au moment où l'on pensait dresser, pour un long avenir, une tente de repos à l'ombre de leur feuillage épais. Ainsi était la religion sous Charles X ; la vie pour elle n'était qu'à l'écorce, ou plutôt ce n'était qu'un vernis de vie étendu sur un cadavre. C'étaient les pieds qui conduisaient dans les temples et non le cœur.

Mais aujourd'hui tout est changé : la révolution religieuse a suivi les degrés de la révolution civile et politique. On dirait que cette révolution a créé chez les Français d'autres yeux, d'autres oreilles, une autre intelligence. Le sentiment religieux a infiniment gagné. Nous l'avons déjà observé ; avant 1830 un prêtre ne pouvait se montrer dans Paris sans courir à des huées certaines ; aujourd'hui il ne recueille sur son passage que le respect et les égards dus à son ministère. La religion a acquis une garantie qui lui avait manqué jusqu'ici, celle de la conviction et de sa nécessité.

Des curés de Paris, infiniment respectables, m'ont dit, il y a peu de temps, que le nombre des personnes qui suivaient régulièrement les observances de l'église avait augmenté de beaucoup depuis huit ans ; j'aime à publier ce témoignage ; ce que tout le monde est à la portée de juger par lui-même est le spectacle vraiment religieux qu'offrent tous les temples de Paris, dans lesquels il n'est pas de solennité qui ne réunisse des assemblées de fidèles aussi nombreuses et aussi distinguées qu'elles pouvaient l'être avant 1830.

Or, un peuple vraiment religieux ne peut être mal disposé pour les ministres de son culte. Comment aimerait-il celui-ci et haïrait-il ceux-là ? cette contradiction répugne à la nature des choses. Les Français sont plus attachés à leurs prêtres qu'ils ne l'étaient il y a dix ans, car alors ils s'en moquaient; ils recherchaient en eux tout ce qui pouvait être répréhensible. Aujourd'hui ils les honorent : l'esprit du jour est, quoi qu'on en dise, tout favorable aux prêtres. Que ceux-ci seulement se tiennent dans les fonctions de leur ministère, qu'ils n'abandonnent pas les choses saintes pour la politique, car nous l'avons déjà observé, aussi le clergé a été attaqué encore plus comme ordre politique que comme ordre religieux. La nation n'a pas changé à cet égard; elle chérit, elle vénère son clergé dans son temple, mais elle n'en veut pas comme corps à titre de fonctions dans ses affaires; le peuple est religieux, il doit donc aimer son prêtre, mais à sa place; là il obtient une confiance pleine et entière. Ceci néanmoins souffre quelques légères modifications suivant le pays où il exerce ses fonctions. Ainsi le prêtre de Paris et de son voisinage n'a pas la même influence que son confrère peut en avoir dans la Bretagne, la Lozère, et quelques provinces du midi.

CHAPITRE X

De l'avenir de la religion. — Tolérance.
— Mgr de Cheverus.

Tel est l'état de la religion en France, quoi qu'en disent certains journaux toujours prêts à jeter l'alarme. La religion a fait un grand pas dans l'esprit des peuples, elle doit grandir encore. Ce n'est pas en vain que s'agite et se meut en tout sens une jeunesse ardente et avide d'avenir. C'était, sans doute, un bien grand spectacle pour l'œil religieux et attentif que celui que présentait la métropole de Paris pendant le carême qui vient de s'écouler. A-t-on remarqué avec quel empressement on se groupait autour de la chaire évangélique? quel enthousiasme et quel recueillement tout ensemble! Du temps de nos rois les plus chrétiens, a-t-on jamais vu pareille chose? et si l'on avait eu le courage de la tenter, n'aurait-on pas été hué? qui ne se souvient des impertinences vraiment scandaleuses qu'on se permettait alors contre l'orateur et les fidèles? Alors les hommes, hautement placés dans la hiérarchie sociale, n'auraient pu, sans se compromettre, participer publiquement à nos réunions saintes. Aujourd'hui ils y sont venus en foule; jeunes et vieux on les a vus accourir pour entendre les paroles de vérité qui tombaient fortes et sublimes de l'illustre orateur qui les annonçait. Ils ont tous avec respect courbé le front pour recueillir la bénédiction du prélat dont la main, comme on sait, ne se lève jamais que pour bénir. Que ne donne pas à espérer pour l'avenir de la religion un retour si soudain, et nous pouvons dire, si imprévu !

Mais à qui est confié le soin de maintenir de si heureuses dispositions et de les développer ? C'est au clergé en se montrant en tout l'ami des hommes, et en se mettant surtout à la hauteur de son siècle. Il ne s'agit plus comme aux jours antiques d'être prêtre pour inspirer la confiance aux peuples, il faut encore la mériter. Or, on ne peut la mériter et l'acquérir cette confiance qu'en comprenant les besoins de l'époque. Le siècle est éclairé, le clerge doit l'être.

Que le prêtre s'instruise, qu'il apprenne à façonner ses habitudes et ses pensées sur les habitudes et les pensées du siècle. Nous avons vu que, dès les premiers temps, si l'église s'est accrue d'une manière si admirable, ce n'a été qu'en se conformant à l'esprit du siècle. Jusqu'ici il en a été autrement ; on a donné et on donne encore au clergé une éducation trop monacale, et malheureusement en contradiction avec le siècle. L'enseignement ecclésiastique est très-borné, il ne porte que sur des traités de théologie, en général fort mal faits; les supérieurs, hommes très-pieux et très-vénérables, sont ce que l'on appelle des hommes de l'autre monde, et ne peuvent donner une direction éclairée pour celui-ci. Leur soin principal se porte sur une éducation pieuse, mystique, et sur une instruction purement théologique. Des jeunes gens, pleins de bonne volonté, de vertus ecclésiastiques, il est vrai, mais bien lestes de science et de connaissances, vont remplir le ministère sans aucune connaissance des hommes et du monde. De plus, le clergé ayant été toujours nourri dans les idées de droit divin, de la domination de la religion, de la crainte de la liberté de la presse, de celle de la tolérance qu'il confond avec l'indifférence des religions; le clergé ayant toujours eu de l'horreur pour le mot de liberté, qu'il confond avec celui de licence et de révolte, il s'est trouvé placé dans une opposition directe avec l'esprit de la France. C'est la première fois, depuis la création du monde, que l'on a vu un clergé étranger à l'esprit et à la langue de son pays.

Certainement si quelque chose peut, dans l'esprit général, nuire à la considération de la religion, à l'autorité de son ministère, sûrement c'est cette position contradictoire ou rétrograde à tout ce que le monde voit, cherche dans la religion et à ce qu'il attend d'elle[1]. Le monde et la religion sont deux vaisseaux qui naviguent bord à bord ; l'art du pilote consiste à ne pas présenter sa voile à des vents contraires à ceux qui enflent les voiles de sa conserve, et à tenir les deux navires dans les mêmes eaux ; si par malheur la direction devient différente, elle ne tardera pas à être contraire.

[1] M. de Pradt.

La civilisation et la conduite du clergé décideront donc de l'état de la religion, suivant les degrés d'attention et d'habileté que celui-ci y portera ; on peut promettre au christianisme des jours de gloire aussi durables que le temps. On peut de même pronostiquer leur éclipse si le clergé n'entre pas à pleines voiles dans la route que le nouvel ordre du monde trace devant lui, et d'une manière si visible, qu'il ne peut y avoir ni erreur dans la chose ni excuse dans l'erreur.

Surtout que l'on ne présume pas remédier à rien par une intolérance coupable ; on veut être inflexible, et l'on devient insupportable ; l'on brouille tout, l'on gâte tout par un rigorisme outré ; et bien souvent sous le louable prétexte de servir la religion, on sert trop malheureusement ses passions ; ce n'est pas en suivant les imprudentes saillies d'un caractère peu façonné qu'on fait aimer et respecter la religion. La prêtre doit se faire tout à tous pour les gagner, tout à Jésus-Christ ; il est le père de tous, du pécheur comme du juste, du pauvre comme du riche, du petit comme du grand ; il doit donc agir envers tous avec douceur, bonté et patience. Se montrer, digne émule du sauveur Jésus, l'ami des pécheurs, le soutien des justes, la providence des pauvres, le modèle des riches, l'appui du petit, le guide du grand, le consolateur de la veuve et de l'orphelin, l'ange de la paix et du bon conseil, la lumière de son peuple, l'ambassadeur du Très-Haut par la sagesse de sa conduite et la dignité de ses paroles ; voilà le devoir d'un prêtre. S'il paraît dans le monde avec d'autres dispositions, ce n'est plus qu'un loup au milieu des brebis. Le savant et pieux Fénélon, de si heureuse mémoire, avait bien compris toute la nécessité de cette condescendance, lorsque, s'adressant aux curés de son diocèse, il leur disait, pour échauffer leur zèle : « Élargissez vos entrailles, soyez pères, que dis-je? soyez mères ! »

Ainsi l'entendait encore M. de Cheverus, archevêque de Bordeaux et cardinal, lui dont les vertus, au dire de la *Revue du dix-neuvième siècle* [1], ont trouvé, dans les mœurs du temps, un aliment particulier, et la religion chrétienne de nouveaux moyens de se faire aimer et vénérer en lui. Après tant de modèles de tendre charité, il était réservé à M. de Cheverus d'être encore un modèle à part; après tant de pieux prélats et de grands saints, il a eu son caractère de piété à lui; il a été saint, autrement si nous l'osons dire, il a fait voir une fois de plus à quel point la morale évangélique était appropriée à notre nature, à quel point elle était prise dans les entrailles de l'humanité, inhérente, comme nos vices, toutes nos passions et toutes nos misères, à notre chair et à nos os dans toutes les transformations sociales.

La révolution de 89, principe de tant

[1] Tom. 6, 5e livraison, 31 juillet 1831.

d'erreurs et d'exagérations de toutes les sortes, pendant son cours et encore aujourd'hui, ne servit qu'à éclairer M. de Cheverus; elle ne l'aigrit point, il la reçut comme un enseignement lui venant du ciel. A vingt-quatre ans, poussé par la persécution, il quittait sa cure de Mayenne où il venait d'entrer à peine, avec simplicité de cœur, en toute soumission envers celui qui fait et défait les empires. Ce n'était pour lui qu'une résignation de plus, l'existence du prêtre se compose de tant d'abnégations! M. de Cheverus se réfugia en Amérique.

Il trouva à peine quelques catholiques à Boston. Un autre vénérable ecclésiastique (M. de Martignon) associa son zèle au sien : avant de faire des prosélytes à sa croyance, il fallait qu'il la fît aimer. D'immenses préjugés amassés contre le catholicisme s'apaisèrent aussitôt qu'on le vit et qu'on l'entendit; les difficultés qu'il eut à vaincre rendirent sa religion moins exclusive, sa charité plus onctueuse ; en changeant de lieu, son catholicisme devint plus cosmopolite, plus tolérant, plus universel s'il est possible. Pour abattre certains préjugés, certaines préventions, il faut les dépayser. En voyant de près d'autres mœurs politiques, en se mêlant à d'autres habitudes de gouvernement, M. de Cheverus s'aperçut que ses devoirs de prêtre, soumis à de nouvelles conditions, devaient s'exercer sous d'autres formes ; il comprit comment catholicisme et pouvoir absolu pouvaient aller l'un sans l'autre ; il accoutuma sa religion à vivre au milieu des autres sectes, sans impur mélange. En contact avec elles, sans froissement, son christianisme, au milieu de toutes les communions chrétiennes, eut la sainte ambition de les édifier toutes ; il vainquit les autres cultes par la supériorité pratique du sien. C'est ainsi qu'il laissa son église florissante, qu'il agrandit son diocèse où se voyait une tribu d'Indiens cathéchisés.

La transition de la France à l'Amérique avait préparé M. de Cheverus à cette autre transition de la restauration de 1814 au mouvement politique de 1830; il ne s'enquit pas alors, lui, soldat de Jésus-Christ, si le pouvoir avait changé, sa consigne restant la même. Sa mission était toujours comme dans sa cure de Mayenne en 89, comme à Boston en 92, comme à Mautauban en 1823, de faire connaître et aimer sa religion. Il ne s'en reconnut pas d'autres. Si le gouvernement nouveau lui avait commandé le mal, il ne lui eût point obéi; quand il vit qu'il l'aidait à faire le bien, il l'aima. S'il s'unit à lui plus vite et plus intimement, c'est qu'il ne commença pas par s'en défier. Si ce même pouvoir eût été pour la religion un obstacle, à cet obstacle il eût opposé chrétiennement sa patience et la ferveur de son zèle. Lui qui avait dû, pour devenir évêque et cardinal, passer par l'exil, il avait appris de bonne heure à n'attendre rien de la politique, à ne compter que sur les secours d'en haut.

M. de Cheverus fut sacré évêque de Boston en 1810. Il occupa son évêché pendant douze ans, et pendant ce temps quel bien sa tendre charité n'opéra-t-elle pas[1] ! Ce fut en 1822 que le pieux évêque fut promu au siége de Montauban. Dès que sa nomination fut connue à Boston, plus de deux cents protestants de cette ville, des magistrats, des ministres de différentes communions, des négociants, écrivirent au grand aumônier de France pour essayer de la faire révoquer; ils s'étendaient avec des éloges sans fin sur son esprit conciliant, sa sagesse et son affection pour son diocèse. Une lettre touchante d'adieux, lorsqu'il partit, fut insérée dans la *Gazette de Boston* du 22 septembre 1822; les protestants disaient : « *Nous n'avons jamais*

[1] Il a fondé une communauté d'Ursulines destinée à l'éducation; à son départ des Etats-Unis, on a pu admirer deux belles églises, la cathédrale, dite de Sainte-Croix, et l'église Saint-Augustin.

connu un meilleur prêtre; mais il était temps qu'il partît, il aurait fini par nous rendre tous catholiques. » Les mêmes regrets qui accompagnaient alors son départ le suivirent lorsqu'il dut quitter Montauban en 1826.

Les journaux du temps nous apprennent que les protestants de cette contrée ne furent pas moins empressés, à cette époque, de lui témoigner leurs respects et leurs regrets que les catholiques. Le fait ne peut être nié, car deux ministres de l'église réformée, MM. Marziali et Bonnard, le premier, président du consistoire, le second, doyen de la faculté protestante, furent le complimenter : « *J'ai eu le bonheur*, leur dit M. de Cheverus, *de vivre en bonne intelligence, aux Etats-Unis, pendant mon épiscopat, avec les ministres des diverses communions, et même d'emporter leurs regrets; j'entretiendrai volontiers avec les protestants de Montauban des rapports de cordialité : il me sera doux*, ajouta-t-il, *d'en voir former de plus étroits!* » Cette tolérance-là vaut bien celle de la philosophie, et elle est plus désintéressée; car il est beaucoup de philosophes qui attachent à leurs croyances autant de prix que M. l'archevêque de Bordeaux en mettait aux siennes.

Un jour, à Bordeaux, l'illustre prélat sortait d'une église; une mendiante infirme et pauvre se trouvait là : il lui glissa une pièce de cinq francs. « Monseigneur, lui dit son aumônier; cette femme est juive. — Vous avez raison, lui dit le cardinal; elle reçoit peu; vous-même, monsieur, vous ne lui donnez rien, sans doute : remettez-lui ma bourse tout entière. »

Ce fut d'Amérique que M. de Cheverus apporta le secret de ses prédications faites d'abondance, pleines de naturel et d'onction. C'était le fonds de son éloquence, bien appropriée à l'apostolat d'un évêque de Boston, qui avait dans son diocèse une tribu d'Indiens à enseigner. Toutes les paroles qu'on a recueillies de sa bouche, portent le sceau d'une charité ardente, toute remplie de candeur et de la plus profonde humilité.

Il disait en 1823, aux fidèles de son église de Montauban, qui se pressaient pour le voir et pour l'entendre. « Je vous porte tous dans mon cœur ; il est assez vaste pour vous contenir. »

« Je supplie votre Majesté, disait-il au roi, le jour de son avénement au cardinalat, avec sa parole de missionnaire, je supplie votre majesté d'ajouter à toutes ses bontés pour moi, celle d'excuser mon trouble et mon embarras. La dignité éminente à laquelle j'osais si peu aspirer, et que je crois si peu mériter, ces insignes glorieux que je viens de recevoir, tout ceci me rend confus. » Le prélat ajouta ensuite avec une grâce que rien n'égale : « Je me sentais plus à l'aise lorsqu'au milieu de mon troupeau, à Bordeaux, je bénissais cette Providence miraculeuse, qui a sauvé la France en conservant la vie à votre majesté, et celle de vos chers fils[1]. » Ecoutez aussi son allocution à la reine. « Madame, on approche le trône avec timidité; mais quand on y aperçoit la piété et la bonté bien plus que la grandeur, on se rassure et on aborde avec une douce et respectueuse confiance, même la majesté royale. »

Quand M. de Cheverus parlait soit dans les temples, soit dans la rue au milieu d'une foule toujours nombreuse, qui se pressait, avide de l'entendre, c'étaient des paroles simples, douces, naïves, qui s'échappaient de sa bouche; puis l'émotion dominant l'orateur, il pleurait; l'attendrissement gagnait tous les cœurs. Au feu de ce foyer ardent qui répandait tant d'amour autour de lui, les haines mollissaient et faisaient place au repentir [2].

[1] M. de Cheverus priait tous les jours pour le roi des Français, et l'on voit de simples curés de campagne s'obstiner à ne pas vouloir chanter le verset *Domine, salvum fac regem*. Quelle pitié! ils reçoivent pourtant l'argent du gouvernement. A la bonne heure, ceci coûte moins.

[2] *Mémorial Bordelais*.

Les journaux de Bordeaux annoncèrent sa sa mort comme un malheur public. Ce fut un deuil universel, une douleur inexprimable ! « La multitude morne et silencieuse qui depuis sa maladie entoure l'hôtel du cardinal, dit l'une de ces feuilles, les larmes qui coulent de tous les yeux, les sanglots qu'on a peine à étouffer, annoncent mieux que nous ne saurions le faire, la perte grande que Bordeaux déplore, et dont il sera longtemps à se consoler[1]. » « On a entendu un homme du peuple, dire avec une sensibilité communicative à ceux qui l'entouraient : « Puisqu'il s'est endormi et qu'il est à présent avec Dieu, il faut le consoler de nous avoir quittés, en nous aimant bien tous, comme il nous l'a souvent recommandé en nous appelant ses bien-aimés[2]. »

L'épreuve faite par le cardinal de Cheve-

[1] *L'Indicateur.*

[2] *La Guienne.*

rus, aux Etats-Unis et à Montauban, au milieu des communions protestantes, ne témoignent-elles pas que les choses ont changé de face depuis deux siècles! Le temps où nous vivons ne vaudrait-il pas mieux pour réaliser l'unité chrétienne, que celui où l'on révoquait l'édit de Nantes? Il se pourrait que les différentes communions, dans cette phase de renouvellement où nous sommes parvenus, fussent en voie de conciliation. Aujourd'hui que l'unité politique tend à passer son niveau sur la civilisation, le temps serait venu peut-être de tenter ce grand dessein, si cher à la philosophie de Leibnitz, et que l'inflexible orthodoxie de Bossuet avait jugé praticable.

L'avenir fera connaître si ce que nous voyons aux Etats-Unis et dans le midi de la France, provient d'indifférence, comme plusieurs le prétendent, ou si au contraire il n'aurait pas pour principe un christianisme plus compréhensif des besoins de ce temps-ci, une philosophie plus avancée et moins présomptueuse[1].

Aux tableaux et aux réflexions que nous venons de tracer, nous n'ajouterons qu'une parole d'un de nos plus respectables évêques, M. Brault, archevêque d'Alby, à un de ses curés. *L'aménité et la tolérance viennent à bout de tout; les brusqueries et l'intolérance ruinent tout à tout jamais.* Qu'on réfléchisse, et l'on verra toute la justesse de cette pensée!

[1] Les antipathies entre les diverses communions n'existent plus; les enfants du Christ, de quelque lignée qu'ils proviennent, se sont serrés au pied du Calvaire, souche maternelle de la famille. Les désordres et l'ambition de la cour romaine ont cessé : il n'est plus resté au Vatican que la vertu des premiers évêques, la protection des arts et la majesté des souvenirs. Tout tend à recomposer l'unité catholique; avec quelques concessions de part et d'autre, l'accord serait bientôt fait... La religion chrétienne entre dans une ère nouvelle; comme les institutions et les mœurs, elle subit la troisième transformation. Elle cesse d'être politique; elle devient philosophique sans cesser d'être divine : son cercle flexible s'étend avec les lumières et les libertés, tandis que la croix marque à jamais son centre immobile. (CHATEAUBRIAND, Préface des *Études historiques.*)

CHAPITRE XI

De la liberté. — Lamennais. — Fenélon.

Liberté ! il me semble voir l'indignation s'emparer d'une certaine classe d'hommes, que ce seul mot exaspère et jette tout hors d'eux-mêmes. A quel temps sommes-nous réservés? s'écrient-ils; après toutes les horreurs dont nous avons été témoins, peut-on entendre encore parler de liberté! Mais, leur dirons-nous avec un poëte, faut-il forcer la liberté à se poignarder, comme Lucrèce, parce qu'elle aura été profanée? Le sort des vertus dépend-il des hommes qui mettent telle ou telle devise sur leur bannière? Le bon sens a été donné à chaque individu, dit madame de Staël, pour juger des choses en elles-mêmes, et non d'après les circonstances accidentelles; parce que des hommes méchants se seront servis d'un généreux prétexte pour satisfaire leurs passions, s'ensuit-il qu'il faille proscrire tout ce qu'il y a de beau sur la terre?

Quand depuis tant de siècles, toutes les âmes généreuses ont aimé et proclamé la liberté; quand les plus grandes actions ont été inspirées par elle; quand l'antiquité et l'histoire des temps modernes nous offrent tant de prodiges opérés par le génie de la liberté; quand les beaux-arts, la poésie et les chefs-d'œuvre en tout genre exaltent la liberté, que dire de ces petits hommes à grande fatuité, dont le cœur est aussi rétréci que les lumières qui vous déclarent qu'après les horreurs dont on a été témoin, personne ne se soucie de liberté.

Partout où vous rencontrez du respect pour la nature humaine, de l'affection pour ses semblables, et cette énergie d'indépendance qui sait résister à tout sur la terre et ne se prosterne que devant Dieu, là, vous voyez l'homme image du créateur, là, vous sentez au fond de l'âme un attendrissement si intime, qu'il ne peut vous tromper sur la vérité.

Cette liberté que nous proclamons n'est point l'anarchie, la révolte, le règne de l'enfer, comme celle de Lamennais; mais la paix, la fraternité, la soumission, le règne du Christ, comme celle de Fénélon.

Lamennais appelle tous les peuples à l'indépendance, au mépris de toutes les lois divines et humaines. Fénélon prêche la soumission aux lois établies, et de la soumission à ces lois il fait dépendre le bonheur et la prospérité. Quel livre que son Télémaque!

Lamennais pleure l'esclavage du peuple avec des larmes de sang, ses soupirs sont le roulement de la foudre, et les paroles qui sortent de sa bouche sont brûlantes. Fénélon verse les pleurs de la patience et de l'amour. Ses soupirs ressemblent aux soupirs d'un captif résigné; ses paroles sont douces comme le miel, et imitent le tendre roucoulement de la tourterelle en l'absence de sa compagne. Lamennais impatient veut briser tous les liens, une heure est trop longue, l'espace d'un instant le dévore; pour lui la marche du temps est trop lente. Dieu mit six jours pour créer le monde; lui, veut le régénérer en un moment. Fénélon, le regard fixé sur l'avenir des nations, salue dans le lointain l'heure de la liberté, et parce qu'il l'a entrevue, son âme a souri, et une joie ineffable l'a inondée tout entière. Lamennais abjure tout, rois, institutions, religion et peuple; Dieu seul, selon lui, assis sur les débris du monde, doit être l'objet de la vénération d'un nouveau peuple en délire.

Fénélon veut un peuple formé par l'Evangile, animé par la liberté de l'Evangile, et gouverné par le Dieu de l'Evangile.

Anathème donc à l'écrivain qui a si lâchement déserté le champ d'honneur où l'appelaient ses talents! Lamennais, le bonnet rouge dont tu viens de ceindre ton front sur les débris de ta gloire passée, fit toujours frayeur aux âmes bien nées qui le virent; le Français, brave jusqu'à la mort, n'a pu jamais l'envisager sans pâlir; juge donc de notre surprise, lorsque tes *Paroles d'un Croyant* et ton *Livre du Peuple* sont venus nous annoncer ta chute funeste; ces deux ouvrages, qui ne sont que la sale écume du dépit et de l'orgueil, feront éternellement douter de ton génie; une trace de boue suivra partout tes pas!!! Méprisée des rois dont tu as cherché à ruiner les trônes, haïe de peuples dont tu as trompé les espérances, rejetée, le dirai-je?... par le Dieu du nom duquel tu as osé si souvent abuser, ta mémoire, pour recueillir l'exécration de la postérité, n'attend que la main... du bourreau!

CHAPITRE XII

Conclusion.

Nous voilà parvenu au terme de notre carrière, avons-nous rempli notre tâche? Nous le souhaitons; si nos efforts n'ont pas été couronnés d'un plein succès, du moins aurons-nous la satisfaction d'avoir ébauché ce qu'une main plus habile aurait perfectionné. Nous avons dit nos sentiments tels que nous les éprouvons au fond de notre cœur. On nous saura toujours gré de notre franchise.

O vous que dans le cours de cet ouvrage j'ai peut-être fatigué, en vous avertissant sans cesse des inconvénients du mélange du spirituel avec le temporel; vous aussi que j'ai peut-être contristé en froissant les affections de votre cœur, souffrez qu'en finissant cette œuvre, je vous appelle autour de notre mère commune, auprès de la France : entendez-la vous dire avec les accents de la douceur et de la conviction la plus profonde : Français, ô mes enfants, de quelque opinion que vous soyez, vous appartenez tous à la même mère, c'est le même sein qui vous a allaités; cessez, cessez donc, je vous en conjure, vos dissensions et vos haines; depuis longtemps elles affligent mon cœur; elles flétrissent tous mes beaux jours; vous comme moi, vous coulez vos années dans le trouble et l'affliction; il est enfin temps de nous réunir : l'occasion ne peut être plus favorable; le monarque que le ciel m'a donné pour veiller à ma gloire et à la vôtre, nous appelle de tous ses vœux. Il possède toutes les qualités qui font les grands rois et les grands peuples. Voyez-le travaillant laborieusement à ma prospérité et à votre bonheur. Pourquoi ne travaillerions-nous pas de concert à faire le sien? O mes enfants, quelques sacrifices de votre part; un amour sincère de votre patrie, et notre réconciliation solennellement opérée, réjouira le cœur du monarque, en même temps qu'elle procurera la gloire et le bonheur de ses sujets!!!

FIN.

TABLE

FIN DE LA TABLE.

www.ingramcontent.com/pod-product-compliance
Ingram Content Group UK Ltd.
Pitfield, Milton Keynes, MK11 3LW, UK
UKHW021058200726
13857UKWH00003B/997

9 782012 840386